자신을 완성한 조선 여성

신사임당

새시대 큰인물 **20**

자신을 완성한 조선 여성

신사임당

개정판 1쇄 | 2006년 2월 15일
개정판 8쇄 | 2015년 5월 10일

지은이 | 정지아
그린이 | 이정규
발행인 | 양원석
본부장 | 박철주
편집장 | 전혜원
영업 마케팅 | 김경만, 정재만, 양근모, 윤면규, 김민수, 장현기, 이영인, 정미진, 송기현, 이선미
제작 | 문태일, 김수진

펴낸곳 | (주)알에이치코리아
주소 | 153-802 서울시 금천구 가산디지털 2로 53, 20층(한라시그마밸리)
전화 | 02-6443-8870(내용), 02-6443-8838(구입), 02-6443-8962(팩스)
등록 | 2004년 1월 15일 제2-3726호

ISBN 978-89-5986-358-7 74990
　　　978-89-5986-338-9(세트)

알에이치코리아 홈페이지와 카페, SNS로 들어오시면 자사 도서에 대한 더 많은 정보와 다양한 이벤트 혜택을 확인할 수 있습니다.
주니어RHK 홈페이지 http://jrrhk.com | 북카페 http://cafe.naver.com/randomhousekorea
페이스북 http://www.facebook.com/rhk.co.kr | 트위터 @randomhouse_kr | 유튜브 http://www.youtube.com/randomhousekorea
RHK 는 랜덤하우스코리아의 새 이름입니다. 주니어RHK 는 알에이치코리아의 아동 브랜드입니다.

자신을 완성한 조선 여성

신사임당

정지아 글 | 이정규 그림

주니어 RHK

글쓴이의 말

제가 어렸을 때, 선생님이 꿈이 뭐냐고 물으면 '현모양처(賢母良妻)'라고 대답하는 친구들이 있었습니다. 하지만 어떤 남학생도 자기 꿈이 '현부양부(賢父良夫)'라고 말하지 않았습니다. 여자들은 현명한 어머니, 좋은 아내가 되는 게 꿈인데 왜 남자들은 현명한 아버지, 좋은 남편이 되는 게 꿈이 아닐까요? 뭔지 억울해서 저는 꿈이 '남자가 되는 것'이라고 말했고, 선생님은 한심하다는 듯 저를 보았습니다.

어른이 된 지금도 저는 이상한 것투성이입니다. 왜 여자들만 치마를 입을까요? 왜 치마를 입으면 여성스럽다고 남자들이 좋아하는 걸까요? 치마가 얼마나 불편한데요. 요즘은 남자들도 더러 머리를 기르지만, 왜 여자들만 주로 머리를 길게 길러야 할까요? 그 머리 손질하려면 얼마나 시간이 많이 걸리는데요.

저는 어려서 신사임당을 좋아하지 않았습니다. 왜냐고요? 현모양처의 대명사였으니까요. 그런데 나중에 알고 보니 신사임당은 현모양처이기 전에 뛰어난 화가이고, 서예가이고, 시인이었습니다. 그렇게 뛰어난 재능이 있었는데도 후세 사람들은 신사임당을 현명한 어머니, 좋은 아내로만 기억합니다. 여자는 여자이기 전에, 남자는 남자이기 전에 인간입니다. 그래서 저는 신사임당을 현모양처가 아니라 뛰어난 예술가로 다시 보고 싶었습니다.

요즘은 신사임당이 살았던 시대와는 많이 다릅니다. 하지만 아직도 여자에게 세상은 불공평합니다. 똑같이 대학 나와서 직장에 들어가도 여성의 월급이 더 적고, 능력이 비슷해도 남자의 승진이 더 빠르고, 집안일은 대부분 여성의 몫이고, 아들만 부모의 제사를 모실 수 있고, 어머니 성이 아니라 아버지 성을 따라야 합니다. 이 글을 읽는 어린이들의 흥분한 목소리가 들려오네요. 그럼요. 바꿔야지요. 세상을 바꾸는 것은 똑똑하고 용감한 여성과 남성으로 자라날 여러분들의 몫이랍니다.

정지아

차례

글쓴이의 말 · 4

오죽헌의 신동 · 9
■ 시집살이는 중국의 결혼 풍속 · 19

글공부를 하는 이유 · 21
■ 너무 앞서가서 실패한 개혁가, 조광조 · 31

자연과 태임을 스승으로 삼다 · 33
■ 좋은 어머니의 본보기 '태임' · 42

아내를 키워 줄 남편 · 44
■ 빼어난 조선의 여성들 · 66

치마폭에 열린 포도 · 69
- 조선 시대 문인 화가와 화원들의 그림 공부 · 80

서까래에 감긴 용 · 83
- 조선 최고의 유학자, 율곡 이이 · 100

가서는 안 될 길 · 103
- 군자의 마음이란 어떤 것일까? · 112

자신을 완성한 조선 여성 · 114
- 조선 시대의 과거 제도 · 128

열린 주제 · 132
인물 돋보기 · 134
연대표 · 136

신사임당

1
오죽헌의 신동

"인선아! 인선아!"

인선의 언니는 날마다 이 시간쯤이면 집 안 뒤뜰의 작은 대나무 숲을 향해 이렇게 외쳤습니다. 다른 날 같으면 대나무 숲이 흔들리며 줄기 틈새로 인선의 몸이 나타났을 터인데, 오늘은 어찌 된 일인지 조용하기만 했습니다.

'아이참, 얘가 어디로 간 거야?'

집 안 뒤뜰에는 줄기가 검은 대나무가 아이들만 겨우 들어갈 수 있을 만큼 빽빽이 들어차 있었습니다. 사람들이 '까마귀 오(烏)'자와 '대나무 죽(竹)'자를 써서 인선의 집을 '오죽헌(烏竹軒)'이라 부르는 것은 그런 까닭이었습니다. 오죽헌 뒤뜰에는 포도 덩굴도 무성하여 다람쥐들이 넘나들고, 여름에는 포도가 주렁주렁 열렸습니다. 마당에는 철 따라 원추리, 봉숭아 등 갖가지 꽃이 피었고 나비와 벌이 찾아 들었습니다. 언니는 포도 덩굴 아래 납작하게 엎드린 인선을 찾아냈습니다.

사람이 다가가는 것도 모르고 인선이 몰두해 있는 것은 기괴하게 생긴 곤충 사마귀였습니다. 아침나절에 글공부를 마치고 나면 인선은 항상 오죽헌의 뒤뜰로 나와 이렇게 풀과 벌레들과 함께 놀기를 좋아했습니다.

언니는 자기가 밟고 선 땅 위에 무엇인가 그려져 있다는 걸 깨달았습니다. 그것은 대나무 줄기 사이에 슬그머니 나타난 사마귀를 그린 그림이었습니다.

"오호라, 사마귀와 정말 똑같이 생겼구나!"

진짜 같은 사마귀 그림을 보고 언니는 탄성을 질렀습니다.

"어디, 이 아비가 우리 인선이 그림 좀 볼까?"

갑작스런 목소리에 인선은 깜짝 놀라 뒤를 돌아보았습니다. 몇 달 전에 한양에 갔던 아버지였습니다.

"앗, 아버지!"

"그래, 우리 인선이 많이 컸구나. 하하!"

인선은 한양 갔다가 오랜만에 돌아온 아버지를 한껏 껴안았습니다. 아버지는 우람한 나무처럼 듬직했습니다. 다정다감하면서도 우렁찬 아버지 목소리를 듣고 방 안에서 어머니가 반색을 하며 나왔습니다.

"아이들이 금세 많이 컸구려, 부인."

"잘 다녀오셨는지요, 서방님. 저 때문에 먼 길을 다니시는 것도 그렇고 한양의 시부모님께 죄송스러워 몸둘 바를 모르겠습니다."

인선의 어머니는 무남독녀 외딸이었습니다. 그래서 친정에서 부모를 모시고 살았습니다. 당시에 결혼한 여자가 자기 부모를 모신다는 것은 드문 일이었습니다.

"부인! 그런 소리 마시오! 내 일찍이 당신의 청을 받아들여 결심한 일이 아니오? 무남독녀 외동딸인 부인이 장인, 장모님께 어떤 여식인지 내 어찌 모르겠소."

인선의 아버지 신명화는 아내와 딸들을 아끼는 마음이 남달랐습니다. 워낙 천성이 어질고 자비로운 탓이기도 했지만 다른 이유도 있었습니다. 바로 둘째 딸 인선이 어른들을 놀라게 할 만큼 총명하고 뛰어났기 때문입니다.

'인선이가 아들이었다면 얼마나 좋을까?'

하고 아버지는 생각했습니다.

딸이라서 싫은 게 아니었습니다. 여자라서 그토록 뛰어난 재주를 세상에 펼 수 없는 게 안타까웠던 것입니다.

"이것을 좀 보시오, 부인."

신명화는 인선이 앉아 있던 땅바닥을 가리키며 말했습니다.

"이 대나무와 사마귀 그림을 보시오. 사물을 관찰하는 솜씨가 보통이 아니잖소."

"말도 마십시오, 서방님. 엊그제는 포도 빛깔 때문에 제가 아주 혼이 났사옵니다."

"아니, 그게 무슨 말이오?"

이씨는 며칠 전 있었던 일을 털어놓았습니다. 뒤뜰에서 노니는 줄만 알았던 인선이 어느새 엄마 곁으로 다가와 이렇게 물었습니다.

"어머니, 정말 이상해요. 뒤뜰에 열린 포도가 무슨 빛깔인지 도대체 알 수가 없어요."

"그게 무슨 말이냐, 인선아. 매일 보고도 모른단 말이냐? 그야 당연히 남보랏빛이지."

"아니에요, 어머니. 처음 보면 남보랏빛이지만, 자세히 보면 은색 같기도 하고 먹색 같기도 해서 무슨 색인지 알 수가 없어요. 어서 무슨 색인지 가르쳐 주세요, 어머니."

이씨는 그만 말문이 막혔습니다.

"제가 포도 빛깔을 꼭 알아내겠어요, 어머니! 그려 보면 무슨 색인지 알 수 있을 거예요."

인선은 외할아버지께 선물로 받은 물감과 먹으로 이런 저런 색을 만들어 보았습니다. 이씨는 어깨 너머로 인선이 무슨 색을 만들어 내는가 지켜보았습니다. 과연 인선은 점점 실제 포도 빛깔에 가까운 색을 그려 내었습니다. 이야기를 다 듣고 난 신명화는 기특하다는 눈으로 인선을 쳐다보았습니다.

"우리 인선이, 이 아비가 한양에서 무얼 가져왔는지 볼까?"

신명화는 그제야 품에 숨겨 놓았던 선물을 꺼냈습니다. 그것은 유명한 화가들의 그림이 담긴 책이었습니다. 아버지 신명화는 오죽헌에 올 때마다 한양 친구들에게서 종종 이런 귀한 그림들을 빌려오곤 했던 것입니다.

인선은 설레는 맘으로 책을 받아 보았습니다. 책장을 넘기자 안견의 산수화 〈몽유도원도〉가 펼쳐졌습니다.

안견은 조선 초기의 가장 뛰어난 화가로, 특히 산수화에 능했습니다. 〈몽유도원도〉는 세종대왕의 셋째 아들인 안평대군의 꿈 이야기를 듣고 3일 만에 그린 것이라고 합니다. 현실 세계와 별천지인 '도원'의 세계가 절묘하게 대비를 이루는 〈몽유도원도〉는, 구도와 공간 처리 솜씨가 뛰어나 그 시대 화가들이 너도나도 안견의 산수화 기법을 따라 할 만큼 큰 유행을 일으켰다고 합니다.

너무나 아름다운 그림에 인선의 눈은 휘둥그레졌습니다.

"아버지, 너무 아름다워요. 저런 그림을 그릴 수 있다면 얼마나 좋을까요?"

"어떠냐? 한번 그려 보지 않겠느냐?"

아버지를 바라보는 인선의 눈이 반짝 빛났습니다. 인선은 곧 벼루와 종이를 준비했습니다. 인선을 위해 어머니 이씨 부인이 먹을 갈아 주었습니다. 인선은 가만히 눈을 감고 있다가 종이 위에 시선을 던졌습니다. 그러자 조금 전에 보았던 안견의 〈몽유도원도〉가 펼쳐지는 것이었습니다. 인선은 머릿속에 떠오른 그림을 화폭 위에 옮기기 시작했습니다.

인선 앞에 놓인 종이 위에 서서히 또 하나의 〈몽유도원도〉가 나타나기 시작했습니다. 높은 하늘에서 바라본 깊은 산골짜기의 모습입니다. 골짜기 가득 복숭아나무가 꽃을 피우고 서 있습니다. 시원한 바람이라도 부는지 꽃잎이 하나 둘 흩날립니다. 시냇물은 꽃잎을 싣고 골짜기를 흘러갑니다. 그림이 완성되어 감에 따라 방 안에도 달콤한 복숭아꽃 향기가 진동하는 듯했습니다.

인선이 붓을 내려놓았습니다. 먹을 갈던 이씨 부인은 남편 신명화가 가져온 그림과 인선의 그림을 비교해 보고 깜짝 놀랐습니다.

"아니! 어떤 게 원래 그림이고 어떤 게 보고 그린 그림인지 분간이 되지 않는구나! 당신은 어떠세요?"

신명화도 인선의 솜씨가 이렇게 뛰어날 거라고는 미처 몰랐기 때문에 놀라움은 대단했습니다.

"정말 똑같군. 인선이는 다른 사람의 그림을 관찰하는 눈이 깊구나. 하하하. 비치는 종이를 대고 위에다 그려도 이보다 똑같이 그릴 수는 없을 것 같다."

신명화와 이씨 부인의 기쁨은 컸습니다. 이제 겨우 일곱 살밖에 되지 않은 인선의 솜씨가 이토록 뛰어나다면 그

솜씨를 더욱 갈고 닦도록 격려해 주어야 한다는 생각이 부부의 가슴 속에 움텄습니다.

동시에 여자라서 그런 재주를 썩이게 되면 어쩌나 슬프기도 했습니다. 조선 시대 여성들이 자신의 능력을 발휘한다는 것은 거의 불가능한 일이었지요. 그래서 인선의 재주가 빼어난 만큼 부모의 안타까움도 컸던 것입니다.

시집살이는 중국의 결혼 풍속

역사에 관심이 많은 어린이라면 이 책을 읽고 한 가지 의문이 생겼을 것입니다. 조선 시대 여자들은 다 시집살이를 하는 줄 알았는데 신사임당의 어머니는 그렇지 않았으니까요. 신사임당 또한 결혼한 후에 오랜 기간 친정살이를 하였습니다.

여성들이 결혼 후 시집살이를 하게 된 것은, 유교적 통치 사상이 생활 깊숙이 뿌리 내린 17세기 무렵부터입니다. 신사임당이 살았던 16세기 초만 해도 여자들이 친정살이를 하는 경우도 꽤 있었다고 합니다. 친정살이를 하면서 자식을 낳아 어지간히 키운 다음 시집으로 가는 것이 삼국 시대부터 고려를 거쳐 조선 초까지 이어져 온 오랜 전통이었기 때문입니다.

신라 시대에는 여성이 왕위에 올랐던 적도 있습니다. 신라 진덕여왕이나 선덕여왕의 이야기는 여러분도 들어 보았겠지요? 당시의 여성들은 남성들처럼 세금을 냈고 나라를 위해 노동하는 '역'에도 동원되었습니다. 고려 시대에도 가정에서나 사회에서나 여성의 지위는 남성과 큰 차이가 없었습니다. 고려 시대에는 여성이 호주가 될 수도 있었습니다. 호주란 한 집안을 책임지고 대표하는 사람을 말하지요. 재산 상속 때도 아들과 딸을 구별하지 않았다고 합니다. 조선 초까지 이러한 전통이 그대로 이어져서 아들이 없으면 당연히 딸과 사위가 돌아가신 부모의 제사를 모셨고, 친손자와 외손자의 차별도 없어서 외손자가 제사를 모시는 경우도 흔했습니다. 남편이 먼저 죽으면 여자가 재혼하는 경우도 많았고요. 비록 신분의 차별은 있었을지언정 남녀 차별은 심하지 않았던 거지요.

시집살이는 중국에서 들어온 결혼 풍습입니다. 고려 말에 우리 나라에 들어온 중국의 유교 사상과 함께 시집살이라는 중국의 결혼 풍속도 함께 전해진 것입니다. 그리고 유교가 조선의 통치 사상으로 생활 구석구석까지 자리를 굳히면서 여성에 대한 차별이 차츰 심해진 것이지요.

신사임당이 살았던 조선 중기는 남녀가 거의 평등했던 가족 제도가 남성 중심의 가부장적인 가족 제도로 변화해 가는 과도기였습니다. 신사임당이 만약 좀더 늦게 태어났다면 어땠을까요? 아마 그녀의 뛰어난 재능은 전혀 빛을 발하지 못하고 역사의 뒤안에 묻혀 버렸을지도 모릅니다.

2
글공부를 하는 이유

어느 날이었습니다. 마을 사람이 헐레벌떡 오죽헌의 이사온을 찾아와 기쁜 소식을 전했습니다. 이사온은 오죽헌의 주인, 그러니까 인선의 외할아버지입니다.

"이 생원 어른! 한양 사위께서 과거에 급제하셨다 하옵니다!"

"어허 이 사람, 그만한 일로 웬 호들갑인가? 내 사위는 맘만 먹었으면 일찌감치 급제했을 사람일세."

이사온은 사위 신명화의 학문이 깊다는 사실을 일찍부터 알고 있었습니다. 학문을 즐거워하지만 벼슬에 관심이 없는 사위였던지라 그 동안은 과거 볼 생각이 없나 보다고 생각했던 것입니다. 말은 그렇게 했어도 이사온은 속으로 몹시 기뻤습니다. 아들이나 다름없는 사위 신명화가 드디어 진사가 된 것입니다. 신명화는 얼마 뒤 마을 사람들의 환영을 받으며 북평에 도착했습니다.

"장하이, 자네! 그 동안 얼마나 고생이 많았는가? 이제 벼슬길에 올라 뜻을 펼칠 수 있게 되었네그려!"

신명화는 평소보다 더욱 깍듯이 예를 차리고 앉아 빙그레 웃기만 할 뿐이었습니다. 다른 식솔들이 물러나고 단둘이 남게 되자 장인 이 생원은 사위 신명화에게 넌지시 물었습니다.

"자네, 벼슬길에 오를 생각이 있기는 한 것인가?"

"장인 어른께서 보시기엔 어떻습니까?"

신명화가 그 동안 과거를 보지 않은 것은 폭군 연산군 때문이었습니다. 간신배들이 판을 치는 벼슬판에 나아가고 싶지 않았던 것입니다.

"흠……. 내가 아는 게 뭐 있겠는가? 새 임금이 오르시어 나라가 새로이 꾸려지는 듯하니 뜻 있는 선비가 한 명이라도 더 필요할 것일세. 다만, 자네처럼 곧은 대나무가 주변의 시샘을 못 견디고 중도에 꺾이게 될까 싶어 그게

걱정이구먼."

　연산군을 몰아낸 중종이 한창 나라를 바로 세우려 애를 쓰던 때였습니다. 많은 선비들이 임금의 뜻을 받들어 나라 구석구석을 개혁하고자 했고, 이 가운데 조광조라는 사람의 활약이 특히 뛰어났습니다. 조광조는 연산군 때처럼 나라를 어지럽히는 간신배들이 더는 설치지 못하게 하기 위해 나라의 이런저런 제도를 고쳤습니다. 신명화는 조광조가 이끄는 개혁 정치에 참여하자는 권유를 많이 받고 있었습니다. 조광조의 개혁에 대한 기대를 품고 과거를 보았던 신명화는, 그러나 뭔가 마음에 걸려 벼슬길에 나서는 것을 망설이는 중이었습니다.

　영특한 아이 인선이 또한 아버지의 급제 소식에 너무나 기뻤습니다. 그러나 한편으로는 아버지가 벼슬을 하면 나랏일 때문에 한양에만 머무르게 될까 봐 내심 걱정이 되기도 하였습니다. 그렇게 되면 아버지 얼굴을 보기가 더욱 힘들어질 것이기 때문이었습니다. 그러나 인선은 더 이상 어린애가 아니었습니다. 열두 살 소녀로 자라난 인선은 아버지가 높은 벼슬에 올라 나라를 위해 훌륭한 일을 많이 할 것이라고 생각했습니다.

인선은 평소 아껴 쓰던 물감과 종이를 꺼내어 늘어놓았습니다. 그런데 웬 일인지 오늘 따라 그릴 거리가 마땅히 떠오르지 않는 것이었습니다. 인선은 뒤뜰에 나가 서성이며 아버지께 무엇을 그려 드리면 기뻐하실까 생각했습니다. 뒤뜰엔 어느새 또 여름이 찾아와 패랭이꽃이며 꽈리며 포도꽃이며 맨드라미가 화사하게 피어 있었습니다.

곰곰 궁리하던 인선은 드디어 생각났다는 듯 방그레 웃는 얼굴로 방에 돌아와 그림을 그렸습니다. 그림이 완성되자, 인선은 종이를 고이 거두어 아버지께 들고 갔습니다.

"아니, 이게 무엇이냐?"

그림을 펼쳐 본 아버지는 활짝 웃다가 금방 쓸쓸한 표정을 지었습니다. 인선은 혹시 아버지를 언짢게 만든 것이 아닌가 싶어 조심스레 여쭈었습니다.

"아버지, 소녀가 무슨 잘못이라도 저지른 것이옵니까?"

"허허, 네가 언제 잘못을 저지른 적이 있었더냐. 아니다, 이 아비가 그저 공연한 생각을 하느라 잠시 기분이 그랬구나. 그건 그렇고, 역시 우리 딸의 붓 놀림은 점점 이 아비를 놀라게 하는구나!"

그러나 인선은 아버지가 무엇인가 속 시원히 털어놓지

못한다는 사실을 깨달았습니다.

"맨드라미를 그렸구나. 인선아, 맨드라미를 일컫는 또 다른 이름을 아느냐?"

"예, 아버지. 닭 벗처럼 생겼다 하여 '계관화'라 하옵니다."

"그래. 닭의 벗이 관직에 오른 사람이 쓰는 모자와 비슷하게 생기지 않았느냐. 그래서 관직에 오르는 것을 일러 벼슬한다고 하는 것이란다. 이것도 알고 있었느냐?"

"예, 아버지."

"허허, 그러고 보니 이 아비가 얼른 벼슬해서 출세하라는 그림이로구나? 그런 뜻이더냐?"

신명화는 여전히 쓸쓸한 표정이었습니다. 시대를 잘못 만나 재주를 펼치지 못하는 것은 비단 여자인 인선만은 아니었습니다. 남자인 아버지도 어지러운 조정 때문에 아까운 재주를 썩이고 있었던 것입니다.

"인선아, 요즘 글공부는 어디까지 하였느냐. 외조부께선 네가 이제 사략을 읽는다 하시더구나."

'사략'은 간략하게 쓴 역사책을 말합니다.

"그저 겨우 뜻만 익히고 있사옵니다."

"인선이 너는 이 아비처럼 과거를 볼 것도 아닌데, 왜 그리 열심히 글공부를 하느냐?"

여자들은 아무리 양반 출신이라 해도 벼슬길에 나아갈 수 없다는 것을 인선은 잘 알고 있었습니다. 인선은 곰곰이 생각하다가 차분히 대답했습니다.

"어머니께서 말씀하시길, 여자라고 배움을 게을리 해서는 안 된다고 하셨습니다. 여자도 글을 배워서 현명해져야만 남편을 잘 섬기고 자식을 잘 가르칠 수 있다고 하셨습니다."

어머니의 가르침은 '삼종지도(三從之道)'에 따른 것입니다. '삼종지도'라는 말은 중국의 《예기(禮記)》에 나오는 말로, 여성들이 지켜야 할 세 가지 도리를 일컫는 말입니다. 어려서는 아버지를 좇고, 시집가서는 남편을 좇고, 남편이 죽어서는 아들을 좇는 것이 조선 시대 여성들의 삶이었습니다. 그래서 조선 시대에는 여성들이 감히 자신의 의견을 입 밖에 내어서는 안 되었답니다. 여자의 웃음소리가 담장을 넘어서도 안 되었습니다. 여성들이 똑똑해져서 자신의 분명한 의사를 갖게 될까 봐 여성들에게 글공부를 시키지 않는 집도 많았습니다. 설령 공부를 시킨다고 해도 그것은 남편과 자식의 뒷바라지를 잘 하라는 뜻에 불과했지요.

신명화는 어쩐지 가슴이 아팠습니다. 남편을 섬기고 자식을 키우는 것으로 그치기에는 인선의 재능이 너무 뛰어났습니다. 신명화는 안타까움을 감추며 정색을 하고 말을 이었습니다.

"맹자께서 사람은 태어날 때부터 선하다고 하셨다. 그 말이 무슨 뜻이겠느냐? 사람은 그를 내신 하늘을 닮기 때문이다. 하늘이 사람의 마음에 들어 있어 사람은 나면서부터 선한 것이다."

"아버지, 사람 안에 하늘이 있기에 사람이 모두 착한 것은 알겠습니다. 그러나 왜 사람의 운명은 각자 다르옵니까? 어떤 사람은 남자로, 어떤 사람은 여자로 태어나며 양반으로 태어난 사람도 있고 종으로 태어난 사람도 있습니다."

"어디 운명이 그뿐이더냐? 너와 같이 그림을 잘 그리는 사람도 있고 활을 아주 잘 쏘는 사람도 있다. 왜 하나인 하늘이 이렇듯 다른 모습으로 나타나는 것이겠느냐? 하늘은 사람을 내실 때 평생 노력해서 자기 안의 하늘을 완성하라고 명하시기 때문이란다. 너는 현명한 아내, 좋은 어

머니가 되는 데 그치지 말아라. 하늘이 네게 주신 재능을 꽃피우기 위해 노력하지 않으면 안 된다. 그것이 네가 하늘에 답하는 길이기 때문이다. 알겠느냐?"

아버지의 말씀을 듣고 인선은 어렴풋이나마 깨닫는 게 있었습니다.

'내가 언니보다 그림을 더 잘 그린다면 그건 하늘이 내게 좋은 그림을 그리라는 과제를 주셨기 때문이로구나.'

인선은 저도 모르게 고개를 끄덕였습니다.

"예, 아버지. 제 안에 있는 하늘을 완성하려고 노력하겠습니다."

너무 앞서가서 실패한 개혁가, 조광조

1482년에 태어난 조광조는 조선 중종 때 활동한 철학자이자 정치가이며 개혁가였습니다. 그는 어려서부터 공부에 정진하고, 혼자 있을 때에도 성현의 가르침에 따라 말과 행동에 절도가 있었다고 합니다.

1510년 사마시(일종의 과거 제도)에 장원으로 합격한 그는 유교로써 정치의 근본을 삼아야 한다는 지치주의(至治主義)에 입각한 왕도 정치의 실현을 내세우며 중종의 두터운 신임을 얻었습니다. 조광조는 고려 말에 중국에서 들어온 유교를 정치의 근간으로 삼는 데 큰 역

할을 하였습니다. 그는 유교의 이상 정치를 실현하기 위하여 미신을 타파하고, 신진 학자들을 대거 기용했는데, 이는 당시 기득권을 갖고 있던 수구 세력들의 반감을 사게 되었습니다. 조광조가 왕실의 재정 안정을 위해 공도 없이 녹을 먹고 있는 개국 공신들의 녹을 모두 없애야 한다고 주장하여 결국 개국 공신 4분의 3에 달하는 사람들이 녹을 받지 못하게 되자, 수구 세력들은 일대 반격에 나섭니다. 수구 세력들은 대궐 나뭇잎에 '주초위왕(走肖爲王)'이라는 글자를 새겨 벌레가 먹도록 만들었습니다. 주초가 왕이 된다는 뜻인데, 주와 초를 합치면 조광조의 성인 '조(趙)'자가 됩니다. 즉 조광조가 왕이 되려 한다는 것이지요. 이 일을 계기로 불안을 느낀 중종은 조광조가 당파를 조직하여 조정을 어지럽히고 있다는 수구파의 탄핵을 받아들여 조광조와 신진 세력들을 유배시킵니다. 1519년 기묘년에 일어난 이 사건을 '기묘사화'라고 합니다.

조광조의 정치 개혁은 실패로 끝나고 말았지만 유교를 통해 왕도 정치를 실현하려는 그의 뜻은 후배들에게 이어졌습니다. 이 책의 주인공인 신사임당의 아들 이이는 《석담일기(石潭日記)》라는 책에서 '조광조는 어질고 밝은 자질과 나라 다스릴 재주를 타고났음에도 불구하고, 학문이 채 이루어지기 전에 정치 일선에 나간 결과 실패하고 말았다.'고 적고 있습니다. 그의 개혁은 실패로 끝났으나 그의 학문과 인격을 흠모하는 후학들에 의해 그의 사상은 조선을 움직이는 중심 사상으로 발전하였습니다.

3
자연과 태임을 스승으로 삼다

사람은 누구나 가슴 속에 하늘 한 조각을 간직하고 살아간다는 아버지의 말씀은 인선의 기억 속에 깊이 새겨졌습니다. 그림 그리는 일이 그저 심심풀이가 아니라 하늘이 주신 재능을 완성하는 일이라고 생각하자 인선은 더욱 진지한 자세가 되었습니다. 그래서 아버지에게 더 많은 화가들의 그림을 구해 달라고 청했습니다.

어느 날, 한양에서 돌아온 신명화의 얼굴은 그 어느 때보다 밝았습니다. 대문을 들어서면서부터 둘째 딸을 찾았습니다. 대숲에 들어가 놀던 인선은 아버지의 목소리를 듣고 달려 나왔습니다.

"이번에는 한양에서 아주 귀한 중국의 그림 교본을 구할 수 있었단다. 우리 나라는 물론 중국의 화가들도 공부한다는 교본이다. 유명한 화가들도 다 이 그림본을 참고한다고 하더구나."

인선은 가슴이 뛰었습니다. 조심스레 교본을 받아 든 인선은 한 장 한 장 넘기기 시작했습니다. 매화, 국화, 백로, 소나무, 난초……. 없는 것이 없었습니다. 신이 나 절로 입이 벌어졌습니다. 그러나 열 장 스무 장 교본을 넘기던 인선의 얼굴은 어두워졌습니다.

"그림이 별로 좋지 않으냐? 왜 얼굴빛이 흐려졌느냐?"

"그림이 좋지 않아서가 아닙니다. 아버지, 이 그림들은 하나같이 뛰어나 최고의 솜씨를 보여 주고 있습니다. 그런데 다 어디서 많이 본 듯한 느낌을 주었습니다. 가만히 생각해 보니 그 동안 아버지께서 우리 나라 화가들이 그린 작품이라고 가져다 주신 그림들에서 보았던 것입니다. 그렇다면 그들은 이 교본을 그대로 베껴서 자기 그림에 넣은 것이 아니겠습니까?"

"허어, 무엇을 보고 그런 생각이 들었느냐?"

인선은 자리에서 일어나 제 방으로 건너갔습니다. 돌아

온 인선의 손에는 몇 점의 쏘가리 그림이 들려 있었습니다.

"이것을 보세요. 먼젓번에 한양에서 가져다 주신 조선의 화가가 그린 쏘가리 그림입니다. 저는 이 능청스런 모습이 좋아서 즐겨 베껴 그렸습니다. 그런데 얼마 전에 마을 사람 하나가 쏘가리 한 마리를 잡아 선물을 했습니다. 저는 으레 이 그림처럼 생겼겠거니 하고 부엌에 가서 보았습니다. 그런데 제 기대와는 달리 그릇에 담긴 것은 그림보다 작고 날씬했습니다. 그래서 저는 쏘가리를 잡아 선물한 사람에게 그것이 정말 쏘가리가 맞느냐고 물었습니다. 제가 알기로 쏘가리는 좀더 넓직하고 살이 많은 것이라고 하자, 그 사람이 웃으면서 그런 모양을 한 것은 조선 쏘가리가 아니라 중국의 것이라고 했습니다."

"그런 일이!"

"사실이옵니다. 저는 이 유명한 화가가 어째서 우리 것이 아니라 중국 쏘가리를 그렸는지 궁금하게 생각해 왔습니다. 그런데 오늘 아버지께서 주신 교본을 보고 그 답이 풀렸습니다. 그 사람은 쏘가리를 보고 그린 것이 아니라 교본을 베꼈을 뿐입니다. 여기 두 그림이 있으니 아버지께

서 직접 보고 소녀의 말을 판단해 주십시오."

신명화가 중국에서 건너온 그림 교본의 쏘가리와 조선 화가가 그린 것을 비교해 보니 과연 그 모습이 통통하고 닮았습니다. 반면 인선이 직접 보고 그린 쏘가리 그림은 좀더 작고 날렵한 모습이었습니다.

"그렇구나. 네가 그린 것이 진짜 조선의 쏘가리 그림이구나. 교본을 보니 이런 식으로 사물을 직접 보지도 않고 그대로 베낀 경우가 많이 있더냐?"

"그러하옵니다."

스승으로 삼은 화가들의 그림이 남의 그림을 베낀 것이라는 사실은 인선에게 실망과 충격을 주었습니다. 그러나 이 일은 인선이 자신만의 그림을 그릴 수 있도록 하는 계기가 되었습니다.

다음날, 신명화는 인선의 방에서 특이한 그림을 보았습니다. 수박과 들쥐가 그려진 그림이었습니다. 그런데 이 수박은 반듯하게 둥그런 것이 아니라 쥐가 갉아먹기라도 했는지 껍질이 쪼개져 빨간 속살이 드러나 있었습니다.

"하하하, 그림이 참으로 우습구나. 이전에 네가 그린 수박은 보름달처럼 둥그런 것이었는데 이번엔 어찌 하여 저리 깨졌단 말이냐?"

"이 수박은 교본에 있는 것이 아니라 제가 어제 밭에서 본 그대로입니다. 어제 아버지께서 오시기 전에 밖에 나갔다가 쥐가 수박을 갉아먹는 것을 지켜보았습니다. 누가 빼앗아 가기라도 할 것처럼 어찌나 빨리 갉아먹던지 순식간에 빨간 속살이 드러났습니다. 소녀도 그 모습을 보면서 퍽 우습다고 생각했습니다. 하지만 어제 아버지께서 가져다 주신 그림 교본을 보기 전에는 그런 것을 그림으로 옮길 생각은 하지 못했습니다. 교본을 보고 나니 다른 사람의 그림은 볼 것이 없다는 생각이 들었습니다. 제 스승을 다른 화가에서 찾을 것이 아니라 밖에 펼쳐진 자연에서 구하기로 결심했습니다."

신명화는 현명한 딸이 제 스스로 해답을 구한 것 같아 기뻤습니다. 게다가 새로 그린 그림은 이전보다 훨씬 생동감이 넘쳐서 마치 수박과 쥐가 살아 있는 듯했습니다. 그런데 한 귀퉁이에 조그맣게 낙관을 한 것이 보입니다. 글씨나 그림을 완성한 뒤에 호나 이름을 쓰고 도장을 찍는 것을 낙관이라 하지요.

'사임당(師任堂)이라…….'

신명화는 딸의 그림에 처음 나타난 낙관이 무슨 뜻일까 생각해 보았습니다.

"네가 호를 지었느냐?"

"예, 아버지. 이제 새롭게 그릴 그림에는 저렇게 낙관을 할 생각입니다. 다시는 다른 사람의 그림으로 공부하지 않고 제가 본 것만 그리겠다는 증거로 말이에요."

"좋은 생각이구나."

크게 기뻐하며 신명화가 물었습니다.

"그런데 저 호에 담긴 뜻이 무엇인지 말해 줄 수 있겠느냐?"

"맹자도 공자를 스승으로 모셨으니, 한낱 어리석은 소녀에게도 스승이 필요하옵니다. 그림에 있어서는 자연을 본받고 삶에 있어서는 현명한 어머니였던 태임을 본받고자 합니다."

슬기로운 딸을 바라보는 기쁨도 잠시뿐, 신명화는 곧 찌르는 듯한 슬픔을 느꼈습니다. 이렇게 똑똑하고 현명한 딸을 머지않아 시집보내야 한다고 생각하니 가슴이 미어졌습니다.

'어찌 할꼬. 사내아이로 태어났으면 평생 데리고 있을

수 있겠지만, 시집가면 남편을 따르는 게 아녀자의 도리인데.'

신명화는 딸이 어여쁠수록 더 가슴이 아프고 아까운 생각만 들었습니다. 그러나 딸이 키워 낼 아이들을 생각하면 이내 가슴이 설레었습니다. 딸 인선을 위해 좋은 신랑감을 구해 주는 것이 아버지로서 해 줄 수 있는 가장 큰 사랑이 될 것입니다.

"오냐, 태임을 본받아 현명한 어머니가 되도록 해라. 네가 낳을 아이들을 생각하니 벌써부터 내 마음이 설레는구나."

신명화는 딸의 손을 잡으며 진심으로 행복을 빌어 주었습니다.

좋은 어머니의 본보기 '태임'

사임당의 본래 이름은 알다시피 신인선입니다. 그녀는 중국 주나라 문왕의 어머니인 태임을 본받겠다는 마음으로 자신의 호를 사임당(師任堂)이라고 지었습니다. 태임(太任) 부인은 문왕이 태중에 있을 때부터 왕도 교육을 시작하였다 하여 태임지교(太任之敎)라 존경을 받아왔으며, 이것이 태교의 시초라고 합니다. 중국의 오래된 고전《열녀전》을 보면 태임이 행한 태교의 기록을 다음과 같이 적고 있습니다.

"태임의 성품이 단정하고 한결같은데다 정성스럽고 장중하여 오직 덕행을 하다가 임신을 했는데, 눈으로는 나쁜 빛깔을 보지 않고 귀로는 음탕한 소리를 듣지 않으며, 입으로는 오만한 말을 하지 않으며 태교를 잘 실천했다."

어머니의 이러한 지극한 정성 속에서 태어난 문왕은 주 왕조의 기초를 닦은 명군으로 알려져 있습니다. 그는 50년간 왕위에 있으면서 백성들에게 널리 덕을 베풀어 성군이라 칭송 받았습니다.

지금이야 각종 과학이 발달하여 태교가 실제로 의미 있다는 것이 널리 알려져 있지만, 과학이 발달하지 않았던 오랜 옛날, 태임은 태교의 중요성을 홀로 깨달은 것입니다. 태임이 행한 교훈에는 다음과 같은 것들이 있습니다.

"서 있을 때에는 발을 헛딛지 말고, 다닐 때에는 걸음을 천천히 하며, 자리가 바르지 않으면 앉지 말고, 고기도 바르게 베인 것이 아니면 먹지 말며, 밤이면 소경으로 하여금 글을 읽고 시를 읽게 하여 마음을 화락하게 하라."

우리 선조들은 태임의 가르침을 받아 오랜 옛날부터 태교를 철저하게 행해 왔습니다. 삼종지도를 가장 중요한 삶의 원칙으로 배운 사임당은 좋은 어머니가 되고자 태임을 본받으려 했고, 실제로 자식들을 훌륭하게 길러 냈습니다. 사임당은 좋은 어머니일 뿐만 아니라 태교를 창시한 태임의 현명함을 배우고 싶었던 게 아닐까요?

4
아내를 키워 줄 남편

　조광조의 부름을 받았지만 신명화는 결국 벼슬길에 나가지 않았습니다. 조광조의 개혁 방법에 문제가 많다고 생각했기 때문입니다.
　헌 신발을 새 신발로 바꾸려면 먼저 헌 신발을 신고 있는 사람에게 새 신발의 좋은 점을 들어 설득해야 합니다. 신발 주인이 그 설명에 고개를 끄덕여야 신발을 바꿀 수 있는 것이지 강제로 헌 신을 빼앗아 버리고 새 신을 신으라고 강요한다면 마음이 상하지 않을 사람이 없을 것입니다.
　신명화는 조광조가 조정을 바꾸려면 강요가 아니라 설득의 방법을 사용해야 한다고 생각했습니다. 설령 그의 생각이 백 번 옳다고 하더라도 헌 신을 빼앗는 방법이 과격하다면 조광조보다 먼저 권력을 잡고 있던 사람들과 마찰이 일어날 것이 불 보듯 뻔했습니다.

그래서 신명화는 벼슬 자리에 나가려는 마음을 접고 학문에만 전념하기로 했습니다. 그의 염려는 현실로 나타났습니다. 학문에만 열중할 결심을 굳힌 지 꼭 삼 년이 지난 기묘년에 '기묘사화'가 일어났습니다. 조광조를 비롯해 어린 시절부터 함께 공부했던 많은 친구들이 사약을 받아 죽거나 멀리 귀양을 가게 되었습니다.

신명화는 화를 입고 어쩔 줄 몰라하는 친구들의 남은 가족을 위해 동분서주했습니다. 아버지를 잃은 자식들, 아들을 잃은 부모들은 마음에 상처를 입은 채 흩어졌습니다. 누구든 관아에 걸리면 화를 당했기 때문입니다. 신명화는 이들이 살 집과 먹을 것을 구하기 위해 애썼습니다.

불행이 닥친 친구들을 위해 일하는 한편, 신명화는 인선의 혼인을 서둘렀습니다. 장모의 부음을 듣고 급하게 처가로 달려가다 크게 앓은 뒤로 몸이 좋지 않았기 때문에 마음이 더욱 바빴습니다.

인선이 솜씨 있는 규수라는 소문이 한양에까지 퍼져 있

던 터라 며느리로 삼으려고 나서는 집안은 많았습니다. 그러나 신명화의 눈에 차는 신랑감은 쉽게 나타나 주지 않았습니다. 어떤 청년은 학문은 그만하면 잘 닦았으나 속이 좁아 아내가 자기보다 똑똑한 것을 못 견딜 것 같았고, 성품이 온순한 청년은 외아들이어서 만일 혼인한다면 인선이 시집살이를 할 듯싶었습니다.

'인선이 남편 될 사람은 품성이 온화하고 너그러운 사람이어야 할 것이다. 또 집안이 너무 으리으리해서 며느리가 속박 받는 집이어서도 안 된다.'

그래야 딸이 자신의 재능을 펼치며 살 수 있을 테니까요. 그만큼 신명화는 딸의 재능을 아끼고 사랑했던 것입니다. 신명화는 한양 안을 이 잡듯이 뒤졌습니다. 그러나 아무리 둘러보아도 아끼는 딸에게 어울릴 만한 짝은 없었습니다.

'허, 거참 낭패로다. 괜찮다 싶은 젊은이도 말을 서너 마디만 나눠 보면 완고한 보통 사내라는 게 확실히 보이니……. 속 빈 강정이로다.'

사랑하는 딸을 완고한 사람에게 보낼 수는 없었습니다. 당시 조선에서는 여자가 그림을 그리는 것은 어울리지 않는 일이라고 생각했습니다. 글공부에 대해서라면 더욱 말

할 것도 없었습니다. 과거도 볼 수 없는 여자가 공부는 해서 무엇 하냐고 코웃음 치기 일쑤였습니다. 그렇기 때문에 신명화는 신랑감을 고르고 골랐습니다. 인선의 재능을 인정하고 평생 공부하는 것을 나쁘게 생각하지 않을 사람이 필요했습니다.

　신랑감 찾기에 지쳐갈 즈음 신명화는 이원수라는 청년을 알게 되었습니다. 이원수는 일찍 아버지를 여의고 가난한 어린 시절을 보냈습니다. 그래서 학문은 깊이 닦지 못했으나 사람 하나는 좋았습니다. 홀어머니를 모시고 살았지만 성격이 느긋해서 사소한 일로 다른 사람들과 다투는 일도 전혀 없었습니다. 그를 두고 주변 사람들은 모두 호인이라고 말했습니다.

　'저 청년이라면 인선이를 맡겨도 좋을 듯싶다. 태도를 보아하니 남자라고 허세를 부리지도 않을 뿐더러 자신의 배움이 모자란 것을 알고 있기 때문에 부인이 조금 더 안다고 해서 불편해 하거나 수치스러워하지 않겠구나.'

　신명화는 마음을 굳히고 이원수를 불렀습니다. 이원수는 장안에 칭찬이 자자한 규수를 색시로 맞이하게 되었다는 사실이 믿어지지 않는 듯 싱글벙글 좋아서 어쩔 줄을 몰랐습니다.

혼인 날이 되었습니다. 초례상을 마주하고 스물두 살 신랑과 열아홉 신부가 마주 섰습니다. 인선의 얼굴은 부끄러움으로 붉게 달아올랐지만 아무도 짐작하지 못하는 마음은 더욱 붉었습니다.

'이렇게 한 번 두 번 절을 올리고 나면 부모님 곁을 떠나야 하는 건가? 병을 떨치고 일어난 지 얼마 되지 않으신 아버지와 애처로운 어머니를 두고 가야 하는 건가?'

결혼식이 끝나고 앞마당에서 잔치가 벌어지는 동안 신명화는 뒤뜰로 사위를 불렀습니다.

"언제쯤 한양으로 돌아갈 건가?"

마음 같아서는 당장 내일이라도 올라가 홀어머니께 며느리를 보여 드리고 싶었지만, 장인이 유난히 아끼는 딸이기에 이원수는 선뜻 대답을 못했습니다.

"다른 딸은 시집을 보내도 서운한 줄 몰랐는데 자네 처는 보내고 싶지가 않네그려."

신명화는 사위 앞에서 허탈하게 웃어 보였습니다. 이원수는 장인이 얼마나 서운하면 저런 소리를 할까 마음이 아팠습니다.

"장인 어른, 처는 여기서 좀더 지낼 수 있도록 제가 어머니께 잘 말씀 드리겠습니다. 어머니께서도 이해해 주실 줄 압니다."

"고맙네. 자네, 정말 고마워. 실은 내가 건강에 썩 자신이 없다네. 살면 얼마나 더 살겠나. 눈에 넣어도 아프지 않은 딸, 자네처럼 너그러운 사람을 찾아 주었으면 그것으로 만족해야 하는데 자꾸 곁에 두고 보고 싶은 욕심이 나서 그러네."

결혼한 뒤 사람들은 인선을 사임당이라는 호로 부르기 시작했습니다. 이제 어른이 되었으니 더 이상 어린 시절의 이름으로 부를 수 없는 것입니다. 사임당은 강릉에 남아 부모님과 함께 지낼 수 있게 되어 기뻤습니다. 관대한 남편이 고마워 생각할수록 애틋한 느낌이 들었습니다. 그러나 기쁨은 오래가지 못했습니다. 딸이 결혼하고 몇 달 후, 한성에 잠시 다니러 간 신명화가 급작스레 세상을 떠난 것입니다.

어질고 현명하여 누구에게도 미움을 산 적이 없던 터라 모든 사람들이 신명화의 죽음을 안타까워했지만, 그 중에서도 사임당의 슬픔은 말할 수 없이 컸습니다. 사임당은 아버지를 잃었을 뿐만 아니라 유일한 스승이자 든든한 후원자를 동시에 잃은 것입니다. 신명화의 믿음과 격려가 없었다면 우리가 아는 오늘의 신사임당은 존재하지 않았을지도 모릅니다.

사임당은 강릉에서 아버지의 삼년상을 치렀습니다. 삼년상이 끝나자, 어머니 이씨 부인은 사임당을 불렀습니다.

"애야, 이제 더는 너를 잡아둘 수가 없구나. 마침 탈상 차 이 서방이 내려왔으니 이번에는 함께 올라가도록 해라."

사임당은 어머니의 말씀이 지당하다는 것을 잘 알고 있었습니다. 시집가면 시부모를 모시는 것이 조선 시대 여성들의 거부할 수 없는 도리였으니까요.

"한양에 올라가거든 지금까지 너를 기다려 주신 시어머니께 정성을 다하거라. 무엇보다 손자를 보아드려야 하느니라."

이씨 부인은 서운한 마음을 감추느라 도리어 엄격하게 딸에게 일렀습니다.

"예, 어머니. 다시 뵈올 날까지 몸 건강히 계세요."

사임당은 어머니가 걱정하실까 봐 드러내 놓고 울지 못

했습니다. 남편을 따라 한양으로 가는 동안 사임당은 아무도 모르게 가마 안에서 펑펑 눈물을 쏟았습니다. 여자로 태어난 것이 참으로 한스러웠습니다. 남자로 태어났다면 홀로 남은 어머니를 이렇게 먼 곳에 두고 떠나는 일은 없었을 테니까요. 그러나 여자로 태어난 이상 여자로 살 수밖에 없었습니다. 여자라서 어머니를 떠날 수밖에 없지만, 여자라도 아버지의 말처럼 자신의 능력을 꽃피우겠노라고, 대관령을 넘으며 사임당은 굳게 다짐했습니다.

시어머니인 홍씨 부인은 사임당을 따뜻하게 맞아 주었습니다. 홀몸이 아닌 며느리가 먼 길을 온 것이 안쓰러울 따름이었습니다.

다시 한 번 혼인 잔치가 열렸습니다. 한양에 사는 이원수의 친척들과 친구들을 위해 사임당을 선보이는 잔치입니다. 소문으로만 들던 빼어난 규수를 보러 사람들이 모여들었습니다.

"이보게. 자네 처가 그렇게 솜씨가 좋다면서? 그림은 물론이거니와 자수도 얌전히 잘 놓고 시도 짓는다고 들었네. 이 기회에 우리들에게 솜씨 구경 좀 시켜 주게."

술이 얼큰하게 들어가자 신랑 친구들이 사람 좋은 이원

수를 조르기 시작했습니다.

"그림 솜씨를 보이지 않으면 새신랑 다리몽둥이를 분질러 놓아도 할 말이 없으렷다."

왁자하게 웃음 소리가 터졌습니다. 짓궂은 친구들이 이원수를 붙잡아 거꾸로 매달았습니다. 그리고 마른 북어로 발바닥을 매우 쳤습니다.

"아이고, 이 사람들아! 나 죽네. 친구 사이에 이러긴가?"

이원수의 숨넘어가는 소리가 안방까지 울렸습니다. 아들이 자지러질 때마다 홍씨 부인이 어깨를 움찔거렸습니다.

"얘야, 얼른 그림 하나 그려 주어리."

홍씨 부인은 곁에 있던 종이를 사임당 앞으로 밀어 놓았습니다.

"아녀자의 그림이 담 밖으로 나가는 것도 예의가 아니니 어찌 하면 좋겠습니까?"

사임당은 곰곰이 생각하더니 종이를 한쪽으로 치웠습니다.

"어머니, 종이에 그림을 그려 주면 필시 저 많은 사람들이 서로 차지하려 싸울 것입니다. 그러니 놋쇠 쟁반이 좋

겠습니다. 저것은 살림살이니 가져간다고는 못할 것입니다."

사임당은 쟁반에 있던 과일과 접시를 비웠습니다. 그리고 늘 곁에 두고 사용하던 벼루와 붓을 꺼내 한강나루에서 보았던 매화나무 가지를 되살려 그렸습니다. 매화가지 뒤쪽에는 둥근 달을 그려 넣었습니다. 시어머니의 눈이 휘둥그레졌습니다.

"네가 그림을 잘 그린다고 듣긴 했다만 실제로 보니 더욱 놀랍구나. 나는 여자가 그림 그리는 것은 처음 본다."

조금 뒤, 이원수의 친구들이 감탄하는 소리가 사임당의 귀에까지 들렸습니다.

"잘은 모르지만 자네 부인의 그림은 뭔가 독특하구먼."

"그러게. 지금까지 내가 보아 온 그림들과 뭐가 달라도 다른데?"

그 누구의 목소리보다 남편의 웃음 소리가 크게 들렸습니다. 사임당은 아버지의 예감이 옳았다는 것을 느꼈습니다. 이원수는 아내가 그림 그리는 것을 자랑스럽게 생각했습니다. 재능 있는 아내를 부담스러워하기는커녕 더욱 사랑할 수 있는 관대한 성격을 가진 사람이었습니다. 시어머

니 또한 관대한 사람이라 홀어머니에 대한 사임당의 극진한 효성을 이해하고 친정에 자주 가도록 허락해 주었습니다. 사임당은 그런 남편을 짝지어 준 아버지께 고마움을 느꼈습니다.

그러나 남편에게도 흠은 있었습니다. 일찍부터 아버지 신명화의 교육을 받은 사임당은 학문이 높았습니다. 그래서 남편의 공부가 많이 부족하다는 것을 알 수 있었습니다.

'집안을 일으키려면 서방님이 과거를 봐 벼슬길에 나가셔야 한다. 그런데 이렇게 강릉과 한양을 오가는 생활을 하다가는 부족한 공부를 도저히 따라갈 수가 없겠구나.'

사임당은 남편을 설득했습니다. 당분간 떨어져 살면서 남편은 학업을 닦아 과거를 통과하고 사임당은 강릉에서 아이들을 키우기로 말입니다. 다정다감한 이원수의 성격상 곁에 예쁜 아내와 귀여운 아기들이 있으면 책에 집중하기 힘들었던 탓입니다.

"옛날부터 바느질 함지에 책이 들어오면 공부는 끝난 것이라 했습니다. 서방님께서 그 말을 경계하신다면 한 순간 가족과 떨어져 지내는 일은 참아 내실 줄 압니다."

이원수는 혼자 한양을 향해 길을 떠났습니다. 아내의 말이 백 번 옳다는 것쯤은 이원수도 알고 있었기에 부인의 제안을 거절하지 못했습니다. 그러나 막상 한양으로 간다고 생각하자 아내와 아이들 생각에 발길이 떨어지지 않았습니다. 길가의 차돌멩이를 보면 아들 선이 얼굴이 떠오르고 꽃을 보면 딸 매창이 생각이 났습니다. 처가인 오죽헌에서 이십 리 떨어진 성산이라는 곳에 이르러 그는 그만 주저앉아 버렸습니다. 더 멀리 가면 아이들과 그만큼 더 멀어질 거란 생각이 발을 묶었습니다. 그는 날이 저물기를 기다려서 오죽헌으로 되돌아갔습니다.

"어찌 하여 되돌아오셨습니까? 저는 지금 서방님을 위해 조상님께 빌고 오는 중입니다."

"부인. 아무리 생각해도 떨어져 살 필요는 없을 것 같소. 함께 살더라도 내가 공부만 열심히 한다면 목적은 이룰 수 있는 것 아니오? 난 당신과 아이들과 떨어져서는 살 자신이 없어요."

"오늘은 늦었으니 그냥 여기서 주무시고 내일 아침 일찍 떠나십시오."

다시 둘째 날이 되었습니다. 이원수는 대관령 밑 '가맛

골'이라는 곳까지 겨우 삼십 리를 갔다가 어제처럼 발길을 돌렸습니다. 또다시 사흘째 되는 날에는 역시 대관령 아래 '반쟁이'까지 사십 리를 갔다가 되돌아왔습니다.

'대장부가 십 년 공부할 뜻을 세우고 떠난 길이건만, 이같이 사흘을 잇달아 되돌아온다면 서방님이 장차 무슨 일을 제대로 할 수 있을까?'

사임당은 마음 약한 남편에게 자신의 굳은 의지를 보이기 위해 바느질 함지에서 가위를 끄집어내어 남편 앞에 놓았습니다. 사임당의 목소리가 떨려 나왔습니다.

"만일 당신이 무능력한 남자로 그친다면, 저는 세상에 희망이 없습니다. 이 가위로 머리를 자르고 중이 되어 산으로 가든지, 그렇지 않으면 자결이라도 해서 인생을 마치는 편이 좋을 것입니다."

이 말에 이원수는 정신이 번쩍 들었습니다.

아주 오래 전, 사임당이 결혼하기 전의 일입니다. 한양에 갔던 신명화가 장모 최씨 부인이 죽었다는 소식을 듣고 말을 달려 강릉으로 달려왔습니다. 마음이 급해 쉬지도 못하고 먹지도 못한 채 강릉으로 달려오던 신명화는 강원도 횡성에 이르렀을 때 열이 펄펄 끓어 말소리조차 들리지 않

을 지경이 되었습니다. 그러나 그는 몸을 돌보지 않고 달렸습니다. 대관령을 넘으면서는 피까지 토했습니다. 하인이 병난 신명화를 업고 대관령을 마저 넘었습니다.

겨우 집에 도착했지만 의원은 고개를 가로 저었습니다.

"병이 깊습니다. 너무나 오랫동안 몸을 돌보지 않은데다 이번 여행으로 피로가 겹쳤습니다. 저로서는 도저히 병을 고칠 재간이 없습니다."

그 날부터 이씨 부인은 남편의 간병에 매달렸습니다. 따뜻하게 데운 물로 수건을 적셔 손과 발을 감싸고, 찬물을 적신 것은 이마에 올렸습니다. 몇 날 며칠이 지났지만 남편은 여전히 정신이 돌아오지 않았습니다. 곁에서 아무리 불러 봐야 대답이 없었습니다.

이씨 부인은 인선을 불렀습니다.

"이제는 조상님께 빌어 보는 수밖에 없다. 내가 없는 동안 인선이 네가 아버지를 돌봐 드려야 한다."

이씨 부인은 깨끗이 몸을 씻고 외증조부인 최치운의 무덤에 갔습니다. 제단에 향을 피워 올리고 엎드렸습니다. 강한 결의가 깃들어 이제는 눈물도 흐르지 않았습니다.

"하느님, 하느님, 착한 이에게 복을 주고 악한 자에게 화를 내리심은 하늘의 이치입니다. 제 남편은 지조를 지켜 왔고 모든 행실에 흉한 점은 하나도 없었습니다. 효성도 지극하여 아버지를 여의었을 때는 무덤 곁에 묘막을 치고 삼 년을 살며 나물만 먹었습니다. 하느님은 모든 선악을 능히 살피시면서 어찌 하여 이 같은 화를 내리십니까? 외로운 이 몸이 장차 어디에 의탁하오리까? 저는 어릴 적부터 하늘과 사람이 한 이치를 갖고 있다 배웠습니다. 남편을 앗아가시는 것이 옳지 못한 일이라 여겨져 제 마음이 더욱 괴롭습니다. 이것이 하늘의 뜻일 리 없습니다. 부디 병을 거둬 주십시오."

　이씨 부인은 일곱 낮과 밤을 그 자리에 엎드려 빌었습니다. 그러나 집으로 돌아와 보니 남편은 낫기는커녕 미음 한 숟갈도 삼키지 못해 백지장처럼 말라 있었습니다. 이씨 부인은 몸을 깨끗이 씻고 다시 조상 무덤으로 갔습니다.

　"저의 정성이 모자라 이 지경이 되었습니다. 하늘을 원망한 저의 죄를 보지 마시고 남편의 깨끗한 행동을 살펴 주소서. 몸뚱이나 머리카락 하나까지도 모두가 부모에게서 받은 것이라 감히 훼손할 수 없다지만 원하건대 제 몸을 거두시고 남편의 목숨을 살리소서. 남편은 저의 하늘입니다. 하늘로 삼는 이가 무너진다면 어찌 혼자만 살기를 바라겠습니까? 하늘이시여, 저의 정성을 굽어살피소서!"

이씨 부인은 기도를 마치고 품에서 작은 은장도를 꺼냈습니다. 제단에 왼손을 올리고 가운뎃손가락 두 번째 마디에 칼 끝을 댔습니다. 힘을 준 오른손이 떨렸습니다. 그러나 굳게 다문 입에서는 신음 소리조차 흐르지 않았습니다.

"저의 기도를 들어 주실 줄 압니다. 부디 제 남편 목숨을 살려 주소서."

이씨 부인은 피가 흐르는 손을 모으고 마지막 기도를 올렸습니다. 신명화는 이 날부터 병세가 차도를 보이기 시작했습니다. 정신이 돌아오더니 미음도 조금씩 삼켰습니다. 그러자 몸에도 차츰 힘이 돌아오기 시작했습니다. 마침내 신명화는 자리를 털고 일어섰습니다. 식사도 스스로 할 수 있었습니다.

이씨 부인이 남편을 살린 이야기는 마을에서 마을로 전해졌습니다. 산을 넘고 강을 건넜습니다. 복숭아꽃 향기처럼 퍼져 나가 드디어 중종 임금의 귀에까지 흘러 들었습니다. 중종 임금의 눈에도 눈물이 고였습니다. 나라에서는 이씨 부인을 기리기 위해 열녀각을 세워 주었습니다.

그런 어머니 밑에서 자라난 사임당의 말이 빈말로 끝날 리 없지요. 이원수는 어쩔 수 없이 마음을 다잡았습니다.

"부인, 내 잘못했소. 당신을 실망시켰다니 미안하구려. 내일 떠나면 정말 다시는 돌아오지 않겠소."

이원수는 날이 밝자 길을 떠났습니다. 그리고 이번에는 되돌아오지 않았습니다.

빼어난 조선의 여성들

여성을 남성과 동등한 인간으로 인정해 주지 않았던 조선 시대에도 이름을 널리 알린 여성들이 있었습니다. 허난설헌과 기생 황진이가 그 대표적인 예입니다.

허난설헌은 누구나 다 아는 《홍길동전》의 작가 허균의 누이입니다. '이달'이라는 당대의 뛰어난 선비에게서 가르침을 받았던 허난설헌은 15세의 나이로 유명한 양반가의 자제인 김성립과 결혼합니다. 결혼과 동시에 그녀는 그 시대의 보통 여자들처럼 시집의 담 안에 갇혀 살게 되지요. 게다가 허난설헌의 남편은 아내보다 학문이 좁고 아내의 능력을 인정해 주지 않는 사람이었습니다. 집 밖의 세계를 동경했던 그녀는 자신의 답답한 심정을 여러 편의 시로 표현합니다. 현실에서 이룰 수 없는 꿈을 그녀는 상상의 세계 속에서 마음껏 펼치고, 그 세계 속에서 남성과 다름없는 자신의 욕망을 실현합니다.

상상의 세계에서 자신의 능력을 펼쳐 보인 허난설헌

허난설헌의 시는 멀리 중국에까지 이름을 떨칠 정도였는데, 《연암일기》를 쓴 박지원은 중국에까지 이름을 알린 것은 영예로운 일이지만 아녀자가 시를 읊는 일은 애초에 아름다운 일이 아니라고 점잖게 비판합니다. 박지원은 그 시대에 깨어 있는 지식인으로 널리 알려진 사람입니다. 그런 사람까지 여자가 시를 짓는 것은 애초에 아름다운 일이 아니라고 했으니 다른 남자들이야 오죽했겠습니까?

유명한 양반가 태생이었던 허난설헌과 달리 황진이의 출생에 대해서는 잘 알려져 있지 않습니다. 낮은 신분 출신이어서 그랬을 것입니다. 황진이는 가장 천하게 취급받는 기생이었습니다. 시와 미모로 소문난 기생이었지만 황진이는 외모를 꾸미지도 않고, 천금을 준다 해도 학문이 짧고 예술을 알지 못하는 사람과는 상대하지 않았다고 합니다. 허난설헌이 상상의 세계에서 남성들에게 도전한 반면 황진이는 여성을 억압하는 현실에 당당히 맞서 싸웠습니다. 평생 남성의 권위에 맞서 싸운 황진이지만 당대 최고의 학자였던 서경덕이나 소세양, 명창 이언방 등과는 남녀라는 차이를 뛰어넘은 우정을 나누기도 했습니다.

허난설헌과 황진이에 비하면 신사임당의 삶은 행복했다고 할 수 있을지도 모릅니다. 남편이나 시어머니와의 사이도 나쁘지 않았고 자식들도 훌륭하게 키웠으니까요. 하지만 정말 행복하기만 했을까요? 남성보다 학문과 예술이 훨씬 뛰어났음에도 그 재주를 천하에 펼치지 못하고 자기 안에서만 만족해야 했으니, 여자로 태어난 한스러움과 시대에 대한 불만 또한 크지 않았을까요?

5
치마폭에 열린 포도

"어쩜, 예쁘기도 하지. 꼭 작은 마님 시집갈 때를 보는 듯해요."

"에이, 무슨 소리예요. 우리 둘째 마님처럼 예쁜 색시는 세상에 없을걸요? 아무렴! 사임당 마님 같은 새색시는 내 일찍이 본 적이 없어요."

동네 아낙네들 수다가 한창이었습니다. 사임당은 자기를 추켜세우는 소리를 피해 잔치가 한창인 마당을 벗어나 부엌 쪽으로 발걸음을 돌렸습니다. 이웃집에서 결혼식 잔치가 벌어지는 중이었습니다. 사임당은 몇 년 전 자기처럼, 연지곤지를 찍은 새색시 얼굴을 구경하다가 기분이 울

적해지고 말았습니다. 듣기로는 혼례를 마치고 나면 새색시는 곧바로 한양으로 올라간다고 했습니다.

"자식 된 도리로 결혼을 했으면, 이번엔 아내 된 도리로 남편을 섬기는 것이 여인의 당연한 도리 아닌가."

혼례를 지켜보던 어느 낯선 어른이 이렇게 말하는 소리도 들렸습니다. 결혼하고 수년 동안 사임당이 주변 어른들에게 많이 듣던 소리였습니다. 그 때마다 사임당은 마음 한 구석이 쓸쓸해졌습니다. 사임당의 시어머니도 한양에 계셨던지라 그분과 남편에게 송구스런 마음이 들기도 했고, 언젠가는 한양 시댁으로 가야 한다는 생각도 들었습니다. 한양에 가게 되면 여러 가지 상황이 지금보다 훨씬 더 힘들어질 거라는 걱정이 앞서기도 했습니다. 남편 이원수의 학문이 아직 낮은데 계속 지금처럼 과거 뒷바라지를 할 수 있을지도 걱정이었습니다. 당장 먹을 것 때문에 사임당은 아마도 이런저런 일로 바쁘게 될 것이고, 그렇게 되면 그림은커녕 글 한 줄 읽기도 힘이 들 게 뻔했습니다.

사임당이 이런 고민 저런 고민에 빠져 있을 때였습니다. 갑자기 그 때 비명 소리가 들렸습니다.

"에구머니나! 이 일을 어쩌면 좋아!"

한 아낙이 치마를 부여잡고 기겁을 하고 있었습니다.

"빌려 입은 비단 치마에 그만 음식 자국이 남았으니, 이를 어쩌면 좋아요!"

가까이 다가가서 치맛자락을 만져 본 이웃들은 모두 혀를 끌끌 찼습니다.

"저런, 정말 비싼 비단 옷감이구먼. 어쩌다 이리 되었대요?"

사람들 모두 그 여자가 안쓰러워 한 마디씩 위로와 탄식을 내뱉었습니다.

"잔치 한번 보러 왔다가 큰 빚을 지게 됐구먼 그래! 저런, 쯧쯧."

"그렇게 비싼 옷을 입었으면 좀 조심히 다니지 그랬어요."

여인의 귀에 그런 소리가 들어올 리 만무했습니다. 이미 엎질러진 물이었습니다. 집이 가난해서 비단 옷감을 살 돈이 없는 여인은 끝내 울음으로 목이 메어 버리고 말았습니다. 누구 하나 도와 주겠다고 나서는 사람이 없었습니다. 당시만 해도 비단 옷감은 그 어떤 것보다 비싼 물건에 속했기 때문에 안타까이 지켜보는 사람들도 선뜻 도와 주

겠다고 나설 수가 없었던 것입니다. 그 때였습니다.

"치마를 벗어서 이리 좀 건네주시지요."

부엌에 가 있는 줄 알았던 신사임당이 어느새 치마를 버린 아낙 앞에 서서 이렇게 말하는 것이었습니다.

"자네! 여기가 어디라고 함부로 아낙네 치마를 벗으라고 하는 겐가?"

나이 지긋한 할머니 한 분이 사임당을 꾸짖었습니다. 그러나 사임당의 표정은 변함 없이 온화했습니다.

"부끄러워 마시고, 남정네들이 안 보이는 곳에 가서 치마를 벗어 저에게 주시지요."

동네 사람들은 신사임당이 어떤 여자인지 평소 잘 알고 있었습니다. 재주가 많기로 소문이 났는가 하면, 웬만한 선비들이 울고 갈 정도로 학문이 깊고, 행실이 정숙한 사람이었습니다. 그러나 지금 이 행동은 마을 사람들로서는 아무리 생각해도 이해하기가 힘들었습니다. 신사임당 집의 하인도 마찬가지였습니다.

"저어, 마님. 무슨 생각이신지 쇤네에게 말씀 좀……."

"자네는 얼른 지필묵을 구해 오게."

"예에?"

"좋은 먹을 구해 와야 하네."

그제야 하인은 무릎을 탁 치며 재빨리 붓과 먹을 대령했습니다. 모여든 사람들은 천하의 신사임당이 먹을 갈고 붓을 든 모습을 보았습니다. 이윽고 붓이 치마폭 위에서 넘실넘실 춤을 추기 시작했습니다. 음식을 흘려 치마를 버린 아낙은 넋이 나간 채 신사임당의 붓 놀림을 지켜보았습니다.

"오호, 저, 저것 봐요!"

"어허, 거참, 어허."

보기 흉한 얼룩이 있던 자리에 나무 줄기 하나가 생겨나더니 줄기를 타고 알알이 포도가 열리는 것이었습니다. 포도는 금방이라도 뚝 하고 떨어져 땅을 얼룩지게 만들 것만 같았습니다. 사람들은 눈을 씻어가며 이 광경을 지켜보았습니다. 어느새 치마폭은 멋진 포도 정원이 되어 있었습니다.

"이걸 가져다 장에 파시지요. 누가 그렸느냐고 물으면 그저 우연히 얻은 그림이라 하십시오. 새 비단 치마 몇 벌 값은 나올 것입니다."

신사임당은 아낙에게 다짐을 받고 다시금 부엌으로 들

어갔습니다. 괜한 짓을 했다는 생각도 들었지만, 그래도 사임당은 이런 때에 그림 실력이라도 있었던 게 다행이라고 생각했습니다. 만약 그림을 잘 그리지 못했다면 지금처럼 어려움에 처한 이웃을 도울 수 없었을 테니까요.

포도가 그려진 치마를 들고 장에 간 아낙은 신사임당이 시킨 대로 그림을 장바닥에 깔고 손님을 기다렸습니다. 아니나 다를까, 아낙은 금세 사람들에 둘러싸였습니다.

"호오, 그 포도 참 탐스럽네. 진짜 포도송이처럼 먹빛이 아주 훌륭하구나!"

"그러게 말이오. 누가 이처럼 먹빛을 잘 쓴단 말이오? 어디서 유명한 화가가 왔나?"

"흠, 사임당의 그림이구려. 포도 그림의 명수라더니, 과연 듣던 대로고."

아낙은 깜짝 놀랐습니다. 신사임당의 그림이 이리도 유명할 줄은 몰랐던 것입니다.

"포도 그림은 자손이 널리 번창하라는 뜻이 있다 하니, 자손이 귀한 우리 집 병풍에 써야겠소. 이 그림 얼마요? 내 비단 열 필에 사리다!"

아낙은 자기 귀를 의심했습니다. 비단 열 필은 치마를

열 벌도 넘게 만들 수 있는 양이었습니다. 과연 신사임당의 말대로 새 비단 치마를 몇 벌이나 살 수 있는 돈이 마련된 것입니다.

신사임당의 그림은 많은 사람들에게 알려져 있었기 때문에 그림을 사려는 사람이 많았습니다. 하지만 그림은 마음을 수양하는 예술이라고 생각했던 사임당은 그림을 팔아 돈을 만들지는 않았습니다. 다만 아낙네의 딱한 사정을 보고 도와 주려는 마음에서 그림을 그려 주었던 것입니다. 신사임당이 치마폭에 그린 포도 그림 이야기는 빠르게 마을 전체로 퍼져 나갔습니다.

사임당은 현모양처로 가장 널리 알려졌지만 학문과 시에도 능하고 그림과 글씨에도 능한 예술가였습니다. 그 중에서도 그림과 글씨가 가장 뛰어난 것으로 알려져 있습니다. 사임당의 그림은 일찍부터 여러 사람들의 칭송을 받아 왔습니다. 사임당은 자연의 여러 가지 소재들을 그렸는데, 포도 그림과 초충도(풀, 벌레 그림)는 특히 유명합니다.

율곡은 《사임당행장기》라는 글에서,

"어머님의 포도 그림은 따라올 자가 없다."

라고 평했으며 송상기라는 사람은,

신사임당의 8폭 초충도 중 〈양귀비와 도마뱀〉

"율곡의 어머님이 그린 풀, 벌레 그림이 한 점 있어 여름 날 볕을 쬐려고 마당에 내다 놓으니 닭이 와서 쪼아 구멍이 뚫어졌다."라고 기록하고 있습니다.

닭이 보기에는 그림이 살아 있는 풀, 벌레로 보였던 것이지요.

사임당은 유명한 화가로부터 그림을 배운 적이 없습니다. 처음에는 유명 화가들의 그림을 본따 그리고 나중에는 집과 뜰에서 본 나무와 풀, 벌레 들을 사실적으로 그렸을 뿐입니다. 바로 그 때문에 사임당은 누구의 화풍을 따르지 않고 자신만의 독자적인 화풍을 개발할 수 있었던 것입니다. 사임당의 그림에서는 여성들만이 가질 수 있는 섬세함과 사물에 대한 따스함이 느껴집니다.

영조 때 홍양한이라는 사람이 사임당의 그림을 평한 글

을 읽으면 그녀의 그림이 얼마나 탁월했는지 조금이나마 짐작할 수 있습니다.

"그림으로써 세상에 들어간 이가 이루 헤아릴 수 없지마는 모두 남자요, 부인은 아주 없으며, 그리는 이는 많아도 신묘한 경지에 들어간 이는 드문데, 부인으로서 그림을 잘 그려 신묘에 들어간 이야말로 오직 우리 나라 사임당 신씨가 그분이다."

조선 시대 문인 화가와 화원들의 그림 공부

그림도 시대에 따라 달라집니다. 그리는 대상이 달라지기도 하고, 그리는 방법이 달라지기도 하지요. 고려 시대는 불교가 국교였기 때문에 불교적 색채를 띤 그림들이 많았습니다. 반면 유교를 근간으로 세워진 조선 시대에는 양반들이 보고 즐길 수 있는 그림들이 대부분이었지요. 조선의 사대부들은 시, 서와 함께 그림도 몸과 마음을 닦는 도구로 생각했기 때문에 선비들 중에서도 그림을 잘 그리는 이가 많았다고 합니다.

조선 시대의 그림은, 그리는 사람의 신분에 따라 문인 그림과 화원 그림으로 나누어집니다. 문인 그림이란 앞서 말한 대로 선비들이 유교적 이상에 따라 몸과 마음을 닦기 위해 그린 그림입니다. 화원 그림이란 그림 그리는 걸 직업으로 삼는 화가들이 그린 그림입니다.

화원을 길러내는 국가 기관으로 태조 원년에 창설된 도화원이 있었는데, 나중에 도화서라고 불렸습니다. 조선 시대에는 국가의 행사나 왕족의 초상화 등을 그리기 위해 화가들을 뽑아 이 도화서에서 교육을 시켰습니다. 여러분들이 잘 알고 있는 김홍도나 안견이 바로 이 도화서 출신의 화가들인데, 대개 중인의 신분이었습니다.

도화서에 들어가기 위해서는 봄, 여름, 가을, 겨울, 각 계절의 첫 달에 치르는 시험에 붙어야 합니다. 시험 내용은 대나무, 산수, 인물, 새나 짐승을 그리는 영모와 화초 중에서 두 가지를 골라 그리는 것이었습니다. 그 중에서도 대나무 그림을 최고로 쳤고, 다음으로 친 것은 산수화였습니다. 대나무는 유교에서 중시하는 선비의 도리 중에서 절개를 상징했고, 산수화는 동양의 전통적인 자연주의 사상을 담고 있기 때문입니다.

시험에 통과한 사람들은 바로 화원이라 불리지 않고 훈련생인 생도라 불렸습니다. 그들은 중국의 그림을 베끼거나, 새, 풀, 나무 등을 보고 그리거나, 자연이 아름다운 곳을 찾아다니며 풍경을 그리는 것으로 그림 공부를 했습니다. 이런 수련 과정을 통하고 나서야 비로소 화원이 되었고, 정식 화원이 되면 왕족의 초상화나 국가의 행사를 그릴 수 있었습니다. 그러나 재능을 인정 받으면 화원들도 이런 자질구레한 임무에서 벗어나 자유롭게 자신의 그림을 그릴 수도 있었습니다. 김홍도 같은 경우가 좋은 예인데, 정조 임금의 인정을 받은 그는 화원으로서의 임무에 일절 묶이지 않고 그 시대 사람들의 생생한 생활 모습을 그림에 담았습니다.

화원들은 제도적인 교육을 통해서 그림을 배운 반면, 문인 화가들은 그림을 배울 수 있는 제도가 없었습니다. 그러나 사대부란 서로서로 아는 사이여서 만나면 그림을 평해 주고 정보를 주고받으면서 개인적으로 그림을 배울 수 있었다고 합니다. 반면 여자였던 신사임당은 오로지 자신의 관찰을 통해 혼자 그림 공부를 할 수밖에 없었지요. 그 덕분에 사임당의 그림은 문인 화가들과는 다른 독특한 세계를 담아낼 수 있었는지 모릅니다.

6
서까래에 감긴 용

 어느 날 밤입니다. 사임당은 큰 소리를 지르며 잠에서 깨어났습니다. 옆에서 남편이 걱정스럽게 얼굴을 내려다보고 있었습니다.
 "대체 무슨 일이오, 부인?"
 사임당의 이마에는 땀방울이 맺혀 있었습니다. 아직 꿈에서 덜 깨어난 듯 사임당은 말을 더듬었습니다.
 "선녀……님은요? 선녀님이 방금 여기 계셨는데……."
 남편은 가만히 아내의 이마에 맺힌 땀을 손으로 닦아 주었습니다.
 "꿈을 꾸신 게로군요. 여긴 저와 부인밖에 없습니다."

남편은 빙그레 웃으며 사임당의 손을 쥐었습니다.

"참 이상한 꿈도 다 있지요? 꿈에 저는 강릉 앞 바다를 거닐고 있었어요. 그런데 갑자기 바닷물이 갈라지면서 선녀님이 나타나 제게 다가왔어요. 선녀님 품에는 옥처럼 흰 사내아이가 안겨 있었어요. 선녀님은 제 품에 그 아이를 안겨 주시더니 바닷속으로 사라져 버렸어요. 아, 이게 대체 무슨 꿈일까요? 지금도 제 눈엔 그 아이가 선한걸요. 이 팔에 안겨 있었는데……."

사임당은 서운한 듯 팔을 둥그렇게 짓고 그 안을 들여다보았습니다. 남편은 무릎을 탁 쳤습니다.

"부인, 이건 분명 태몽입니다. 부인께서 아주 귀한 아기를 잉태하신 것이 틀림없습니다. 동해의 정기를 이어받은 귀한 아기일 겝니다."

사임당은 살짝 얼굴을 붉혔습니다.

"다른 아이들의 태몽과는 정말 다르네요. 아기가 건강하게 태어나도록 애쓰라는 뜻인 줄 알겠습니다."

그 순간 사임당의 머릿속에는 어린 시절부터 본받고 싶었던 태임의 모습이 떠올랐습니다. 아기에 대한 사랑이 마음을 촉촉하게 적시는 것을 느끼며 사임당은 더욱 몸가짐을 조심히 해야겠다고 다짐했습니다.

그 해 겨울, 사임당은 서른셋의 나이에 다섯 번째 아기를 낳았습니다. 몸을 풀 때가 다가오자 사임당은 친정집으로 갔습니다.

진통이 시작되었습니다. 가마솥에는 뜨거운 물이 펄펄 끓고 있었고 출산을 도와 줄 이웃 사람도 옆방에서 잠이 들었습니다. 어머니는 선과 매창 두 아이를 재우러 들어갔습니다. 사임당만이 홀로 아기에게 길을 열어 주느라 아픔을 참고 있었습니다. 그러다 까무룩이 잠이 들었습니다.

선녀를 보았던 강릉 앞 바다입니다. 검은 물이 크게 소용돌이치자 하늘에서는 광풍이 불고 싸락눈이 퍼붓는 듯 했습니다. 갑자기 그 한가운데서 시커먼 용이 튀어 올랐습니다. 한 순간 용의 불꽃 튀는 눈이 사임당을 쏘아보았습니다. 사임당은 두려움에 질렸습니다. 그러나 용의 눈동자 깊은 곳에서 고요하면서도 측은한 어떤 것이 느껴졌습니다. 용은 곧장 어두운 하늘을 날아 사임당이 누워 있는 방 서까래에 와 감겼습니다.

사임당은 눈을 번쩍 떴습니다. 닫힌 방문 바깥에 검은 용의 정기가 서려 있는 것이 느껴졌습니다. 다시 배가 아

프기 시작했습니다. 사임당은 이를 악물고 아기를 위해 힘쓰기 시작했습니다. 마침내 사내아이가 힘찬 울음을 터뜨렸습니다.

"부인, 얼마나 수고가 많았소. 아들이오. 아주 훤하게 잘 생겼구려."

기진맥진한 사임당은 남편을 향해 힘없이 웃어 보였습니다. 왠지 아기의 얼굴을 들여다보기가 겁이 났습니다.

"아기를 낳기 전에 또 꿈을 꾸었습니다. 먼젓번에 선녀님을 만났던 그 바닷가인데, 이번에는 검은 용이 솟아올라 저 서까래 밑에 감겼습니다. 너무나 무서웠습니다."

"허허, 용꿈을 꾸었다니 더욱 길상스럽구려. 이 아이가 큰 인물이 될 징조 아니겠소? 아이 이름을 '현룡'이라 지읍시다. 꿈에 용이 나타났다는 것을 우리가 항상 기억하도록 말이오."

선녀가 안겨 준 아기처럼 살빛이 백옥같이 흰 옥동자였습니다. 어디를 살펴보아도 검은 비늘이 번뜩이는 용은 아니었습니다. 그러나 사임당은 아기의 두 눈이 용처럼 예리한 빛을 내뿜는 것을 알아보았습니다.

사임당은 너무나 감격해서 아기를 품에 꼭 안고,

"현룡아!"

하고 불러 보았습니다.

이 아기가 바로 조선의 대유학자 율곡 이이입니다. 어릴 적에는 현룡으로 불리다가 나중에 아버지 고향인 파주 율곡리의 경치에 반해 스스로 호를 '율곡'이라고 지었답니다. 사람들은 사임당이 율곡을 낳은 방을 '몽룡실'이라고 불렀습니다. 용꿈을 꾼 방이란 뜻이지요. 강릉, 사임당의 고향인 오죽헌에는 아직도 그 자리가 잘 보존되어 있습니다.

심상치 않은 태몽 속에 태어난 현룡은 과연 매우 총명했습니다. 현룡이 네 살 무렵의 일입니다. 그 때 현룡은 강릉의 외가에서 살고 있었습니다. 하루는 외할미니가 마당에서 뛰어 노는 아이가 귀여워 석류를 하나 따 주었습니다. 현룡은 생각 없이 석류를 덥석 베어 물었습니다. 너무 시어서 절로 얼굴이 찌푸려졌습니다. 현룡은 석류를 베어 먹은 자리를 한동안 물끄러미 쳐다보더니 이렇게 중얼거렸습니다.

"석류피리 쇄홍주(石榴皮裏 碎紅珠)."

할머니는 깜짝 놀랐지만, 태연한 척 현룡에게 되물었습

니다.

"애야, 그게 무슨 뜻이냐?"

그러자 현룡은 싱긋 웃으며 말했습니다.

"석류 껍질 속에 부스러기 붉은 구슬을 품었구나."

할머니는 소름이 돋을 만큼 놀라 사임당에게 달려갔습니다.

"현룡이가 석류를 보고 '석류 껍질 속에 부스러기 붉은 구슬이 들어 있네.' 하고 읊었단다. 그 애가 시를 지은 것이 아니냐?"

사임당은 눈을 빛내며 말했습니다.

"아니에요, 어머니. 그 애는 다른 사람이 지은 시를 인용한 거예요."

"그렇다 하더라도 네 살바기가 그 시를 외는 것도 놀랍고 적절하게 인용한 것은 더욱 신기한 일이 아니냐."

세 살 때부터 글을 읽기 시작한 현룡은 머리만 총명한 게 아니었습니다. 현룡이 다섯 살 되던 해 여름의 일입니다. 큰비가 내려 평소에 아이들도 잘 건너다니는 시냇물이 불어 넘쳤습니다. 그런데 한 선비가 그 내를 건너려다가 그만 미끄러져 급류에 휩쓸리고 말았습니다. 마침 마을 아이들과 함께 냇가를 지나가던 현룡이 그 모습을 보았습니다. 다른 아이들은 선비가 미끄러져 넘어지는 모습을 보고 손뼉을 치며 웃었습니다. 그러나 현룡은 가슴을 졸이며 근처 정자의 기둥을 끌어안고 발을 동동 굴렀습니다. 마침 근처를 지나던 어른의 도움으로 그 선비가 무사히 냇물에서 빠져 나오자 그제야 현룡은 마음을 놓았다는 듯 끌어안고 있던 기둥 곁을 떠났습니다.

이렇게 현룡은 어릴 때부터 다른 사람이 어려운 처지에 빠지면 그것을 자기 일처럼 생각할 줄 아는 어진 마음씨를 가졌습니다. 사임당은 마음씨 착한 현룡을 더욱 사랑해 주었습니다.

현룡이 여섯 살 되었을 무렵입니다. 한양에서 전갈이 날아들었습니다. 사임당의 시어머니가 보낸 소식이었습니다. 사임당은 그 편지를 읽고 가슴이 철렁 내려앉았습니다.

'얘야, 이제 나도 나이가 들어 집안 살림을 하기 어렵구나. 어려운 말인 줄은 안다만, 이제 내 곁에 와 며느리 노릇을 해 줘야겠다. 홀어머니를 두고 떠나기 어렵겠지만 이제 나도 네 도움이 필요하단다.'

사임당은 늙으신 어머니를 두고 한양으로 올라갈 생각을 하니 가슴이 미어지는 듯 아팠습니다. 친정이 아들 없이 딸만 다섯인 집이다 보니 총명하고 굳센 사임당이 자연히 아들 노릇을 해 왔습니다. 시어머니도 지금까지 잘 이해해 주어서 사임당은 혼인하고도 20년 동안 한양과 강릉을 오가면서 살 수 있었던 것입니다. 그런데 이제 시어머니도 나이가 많아 살림을 꾸리기에 불편함을 느끼는가 봅니다.

사임당은 어머니에게 시어머니의 편지를 보여 주고 급히 한양으로 올라갈 준비를 했습니다.

"이런 편지를 받기 전에 진작 올라갔어야 하는 건데, 너무 염치가 없구나."

편지를 읽은 어머니는 미안한 마음을 감추지 못했습니다.

"달리 의지할 사람이 없다 보니 예의 없게도 너를 너무 오래 강릉에 잡아두었어."

어머니의 늙고 거친 손이 바쁘게 움직였습니다. 한양으로 가져갈 짐 속에 강릉 바다에서 건져 올린 해산물들을 챙겨 주면서 어머니는 민망함에 고개를 들지 못했습니다.

"어머니 걱정 마세요. 제가 이제부터라도 잘 모시면 되잖아요. 시어머님의 배려 덕에 지금까지 어머니 모시고 살 수 있었던 것만도 큰 은혜를 입은 거니까요. 제가 정말 잘 할 테니 어머닌 너무 염려 마세요."

사임당은 떠나는 날까지 어머니 앞에서 눈물 한 방울 보이지 않았습니다. 정든 딸이 울면서 떠나면 혼자 남은 어머니 마음이 더욱 아플까 걱정되었기 때문입니다. 한양으로 떠나는 가마 앞에서 사임당은 어머니에게 공손히 마지막 절을 올렸습니다.

"이제 가면 쉽게 내려올 수 없을 거예요. 어머니, 다시 뵈올 날까지 몸 건강히 안녕히 계세요."

어머니는 눈에 넣어도 아프지 않을 딸과 손자, 손녀들을 아쉽게 바라보면서 말했습니다.

"오냐, 잘 가거라. 시어머니 공경하고 남편 잘 모시도록 해라. 선이, 매창이, 현룡이는 한양에 가거든 이 할미한테 한 것처럼 집안 어른께 예의 바르게 행동해야 한다. 알겠느냐?"

"할머니, 할머니도 같이 가요. 제가 가마를 빌려 드릴게요."

현룡은 할머니를 두고 차마 떠날 수가 없는지 할머니의 치맛자락을 끌어안고 떼를 썼습니다.

"현룡이가 이담에 더 크면 그 때 이 할미 보러 오너라."

할머니는 간신히 현룡을 가마에 태웠습니다. 현룡은 눈물이 글썽해져서 할머니를 돌아보며 고개를 끄덕거렸습니다. 사임당도 가마에 올랐습니다. 가마꾼이 차양을 내리고 한양을 향해 걷기 시작했습니다. 그제야 두 눈에서 눈물이 쉴 새 없이 흘러 나오기 시작했습니다. 흔들리는 가마 안에서 고개를 수그리니 눈물은 입술로만 흘러 들었습니다. 이제 다시 못 볼 강릉 바다가 사임당의 가슴에 들어와 버렸는지 그 눈물은 그렇게 짜고 뜨거웠습니다.

대관령을 넘으며 사임당은 시를 한 수 지었습니다. 사임당의 지극한 효성이 속속들이 배어 있는 시는 지금까지 전해지고 있습니다.

'대관령을 넘으며 친정을 바라보다'

늙으신 어머님을 고향에 두고
서울을 향하여 홀로 가는 이 마음

돌아보니 북촌은 아득도 한데
흰 구름만 저문 산을 날아 내리네.

시댁은 파주 율곡리에서 다시 한양으로 이사해 수진방(지금의 청진동 부근)에 있었습니다. 오랜만에 며느리와 손자, 손녀들을 본 시어머니 홍씨 부인은 무척 반갑게 맞아 주었습니다.

시댁은 그리 넉넉한 편이 못되었습니다. 사임당이 시집 오기 훨씬 전에 시아버지는 돌아가셨고, 남편은 아직 과거에 급제하지 못했기 때문에 집안에 돈이 없었습니다.

강릉 오죽헌은 사임당의 조상들이 대대로 살아 온 큰 저택이었고 오랫동안 집에서 일해 온 하인들이 많았습니다. 하인들이 밥도 짓고 다림질도 하고 저고리도 꿰맸습니다. 그러나 이제 한양에서 사임당은 그 모든 일을 혼자 해 내야 했습니다.

이미 서른여덟 살이 된 사임당은 힘든 가계를 꾸려 나가기 위해 무진 애를 써야 했습니다. 남편은 다정한 사람이었지만 성격이 워낙 호탕한데다 돈을 아낄 줄 몰라 구멍이라도 난 것처럼 쉽게 주머니가 텅 비곤 했습니다. 게다가 사임당의 머릿속에는 홀로 계신 어머니 생각이 잠시도 떠나지 않았습니다.

시간이 흐를수록 어머니에 대한 그리움은 사무쳐 갔습니다. 낮 동안에는 집안일 하랴 아이들 글공부 가르치랴 그런대로 시름을 잊을 수 있었지만 밤에 자리에 누우면 어둠 속에서 하얗게 부서지는 강릉 앞 바다의 파도가 아른거렸습니다. 검은 물결은 밤새 출렁이고 검은 대나무 숲에서 바람은 불었습니다. 귀 기울이면 그토록 귀여워했던 곤충들의 날개 비비는 소리도 들렸습니다. 사임당의 베개는 눈물로 마를 날이 없었습니다.

사임당은 홀로 계신 어머니에 대한 사무치는 그리움을 시에 담아서 마음을 달래었습니다.

'어머님 그리워'

산첩첩 내 고향 천리연만은
자나깨나 꿈속에도 돌아가고파
한송정 가에는 외로이 뜬 달
경포대 앞에는 한줄기 바람
갈매기는 모래톱에 헤락모이락
고깃배들 바다 위로 오고가리니
언제나 강릉길 다시 밟아가
색동옷 입고 앉아 바느질할꼬.

사임당의 시는 세 편이 전해져 오는데, 이 중 전편이 전해지는 것은 '대관령을 넘으며 친정을 바라보다'와 '어머님 그리워'입니다. 두 편 모두 어머니를 생각하는 신사임당의 애끓는 마음이 잘 드러나 있습니다.

조선 최고의 유학자, 율곡 이이

1536년 아버지 이원수와 어머니 신사임당 사이에서 태어난 이이는 조선 최고의 유학자로 널리 알려져 있습니다. 어려서부터 유

신사임당의 아들로 조선 최고의 유학자인 율곡 이이

난히 총명하여 신동으로 소문났던 그는 열세 살에 진사에 합격하였습니다. 그 후로 무려 9번이나 과거에 급제했지만 이이는 한동안 벼슬길에 나가지 않고 불교를 비롯하여 유교 경전 공부에 몰두했습니다.

1564년, 스물아홉의 나이에 벼슬길에 나아간 이이는 선조 임금의 총애를 받으며 요직을 두루 거쳤습니다. 이이는 쇠퇴해 가는 국운을 살리기 위해 백성들의 세금을 줄여 주고, 병역에 지친 백성들을 쉬게 교대제를 실시하고, 굶주린 백성들을 위해 실제 경작 면적에만 세를 부과하고, 파탄에 빠진 국가 재정을 구하기 위해 관료 기구를 간소화하는 등의 개혁 정치를 펼쳤습니다.

이이의 이러한 개혁론은 '이기일원론'이라는 그의 철학 사상에서 기인한 것입니다. 이이는 양과 음, 하늘과 땅, 만물의 가장 중요하고 근본적인 성질인 '이'와 '이'가 시간과 공간 속에서 구체적으로 드러난 '기'가 둘이 아니라 하나라고 보았으며, 하나 속에 있는 다른 것들의 부딪침으로 인해 변화가 생겨나는 것이라고 했습니다. 이이의 이기일원론은 임금은 임금일 뿐이며, 백성은 백성일 뿐이라는 당시의 생각과는 전혀 다른 것이었습니다. 그는 사람도 마찬가지라고 생각하여, 모든 사람의 마음 속에는 선과 악이 다 함께 공존하므로

끊임없이 공부하고 마음을 닦아 선을 행해야 한다고 주장했습니다. 그리하여 그는 일종의 군주 개조론인 《성학집요》를 집필하여 선조에게 올렸습니다. 이이는 왕이 스스로 덕을 갈고 닦아 그 덕이 널리 백성에게 미침으로써, 유교의 이상이 아래 백성들에게까지 미칠 수 있다고 생각했던 것입니다. 그러나 그의 개혁론은 반대파들에 의해 제대로 실천에 옮겨지지 못했습니다. 적의 침입에 대비하여 십만 대군을 양성해야 한다는 이이의 주장도 받아들여지지 않았습니다. 그로부터 9년 뒤 임진왜란으로 우리 나라는 쑥대밭이 되지요.

1584년 이이가 49세의 젊은 나이로 세상을 떠났을 때 선조 임금은 사흘이나 슬피 울었다고 합니다. 그의 개혁 정신은 실현되지 않았지만, 그의 이기일원론은 지금도 조선 시대의 가장 중요한 사상으로 널리 알려져 많은 학자들이 연구하고 있답니다. 율곡 이이는 퇴계 이황과 더불어 조선 시대의 양대 학자였습니다.

7
가서는 안 될 길

사임당이 한양으로 옮겨 와 남편을 가만히 살펴보니 아침 먹는 길로 나가서 저녁 늦게까지 들어오지 않는 날이 많았습니다. 사임당은 그런 남편이 걱정스러웠습니다. 그동안 못했던 아내 된 도리를 다하려고 애쓰고 있었는데 막상 남편은 공부보다 바깥 출입을 더 즐기니 말입니다. 하루는 아침 식사 후에 도포자락을 휘날리며 대문을 나서려는 남편을 붙잡았습니다.

"대체 아침마다 어딜 그리 바삐 가시는 겁니까? 과거를 준비하는 모임에라도 가시는 겁니까?"

남편은 옷차림을 고치며 사임당을 돌아보았습니다.

"하하, 과거를 준비하는 것보다 더 좋은 길이 있을 것 같소. 3년마다 한 번 치르는 시험을 평생 기다려 봐야 내 시험 운이 좋지 않으면 그만 아니오? 이제 집안 어른이 우의정에 오르셨으니 내게도 좋은 시절이 시작되려나 보오."

남편 이원수의 오촌 아저씨인 '이기'라는 분은 우의정이었습니다. 남편이 열심히 그 집 출입을 한다는 말을 듣고 사임당은 눈살을 찌푸렸습니다. 당장 내년에 있을 진사 초시에 붙으려면 머리를 싸매고 밤낮으로 글공부에 매달려도 남편의 실력으로는 될까 말까 한데, 저리 바깥에서 시간을 보내면서 요행을 바라고 있었다니 하늘이 노래질 일이었습니다.

남편이 정식으로 과거를 거치지 않고 편법으로 벼슬자리에 나간다는 것은 마땅치 않은 일이었습니다. 게다가 사임당이 생각하기에 이기라는 어른은 군자의 마음을 가진 사람이 아니었습니다.

어린 왕 명종이 즉위한 후, 왕의 어머니 문정왕후가 대신 국정을 돌보게 되자 나라가 어지러워졌습니다. 왕후에게는 윤원형이라는 동생이 있었는데 왕의 외삼촌이라는 것을 내세워 맘먹은 일은 못 할 게 없었습니다. 이원수의 아

저씨뻘 되는 이기는 윤원형과 손잡고 권력을 잡았습니다. 그들은 자기들에게 맞서는 사람들은 모함하여 죽이거나 귀양살이를 보냈습니다.

윤원형 일파의 손에 수많은 선비들이 죽임을 당했는데, 1545년 을사년에 일어난 이 사건을 '을사사화'라고 부릅니다.

왕이 어려서 정치를 잘 모른다면 신하 된 도리로서 왕

이 옳은 선택을 할 수 있도록 바른말을 아뢰어야 마땅할 것입니다. 그런데 이기라는 사람은 높은 벼슬에 오른 은혜를 오히려 나라 망치는 일로 갚고 있었습니다. 바른말하는 사람들을 멀리 내쫓고 어린 왕의 귀에는 온갖 달콤한 거짓말을 쏟아 넣고 있었던 것입니다. 이 못된 짓을 본 사람들은 윤원형과 이기를 피하고 무서워했습니다. 반대로 어떤 사람들은 권력을 손에 쥔 그들에게 아첨하여 관직을 얻으

려고 애썼습니다.

그 날 저녁이었습니다. 다른 날과 같이 남편 이원수는 늦도록 집에 돌아오지 않았습니다. 밤 바람이 제법 싸늘해졌습니다. 가만히 귀 기울이니 싸륵싸륵 풀벌레들 우는 소리도 들렸습니다. 밤은 자꾸 깊어 갔지만 사임당은 마음이 무거워 잠이 오지 않았습니다. 아이들이 글씨 연습을 하다 두고 간 벼루에는 아직도 먹물이 마르지 않았는지 묵향이 가만히 떠돌고 있었습니다.

대문이 열리고 마당에 신발 쓸리는 소리가 들렸습니다. 남편이 돌아온 것입니다. 사임당은 얼른 그림을 한쪽으로 치우고 자리에서 일어섰습니다.

"부인, 내가 많이 늦었소. 글쎄 안동에 사는 사람이 우의정 어른 댁으로 좋은 곡주를 보내오지 않았겠소. 서른 명은 족히 둘러앉아 아주 취하도록 마셨다오."

남편은 기분이 좋은지 붉은 얼굴로 싱글벙글 웃었습니다. 아침에 다려 입고 나간 푸른 도포는 구겨질 대로 구겨져 있었습니다.

"서방님, 드릴 말씀이 있습니다. 이제 우의정 영감 댁에는 출입하지 않으시는 게 좋겠습니다."

"그게 무슨 말씀이시오, 부인? 이기 영감은 우의정이기에 앞서 집안 어른이 아니오? 같은 조상님께 제사를 지내는 어른을 찾아뵙지 말라니 무슨 이유라도 있소?"

이원수는 처음에는 발끈하였으나 워낙 바른말만 하는 아내의 성품을 아는지라 곧 이유를 들어보자고 청했습니다.

"집안 어른께 드릴 예는 다하되 그 댁에 자주 찾아뵙는 일은 그만 두셨으면 하는 것입니다. 아침녘에 서방님께서는 그 집에 드나들면 과거를 거치지 않고도 벼슬자리를 얻을 수 있을 거라 하셨습니다. 그러나 제가 생각할 때 그분의 권세는 옳게 얻어진 것이 아닙니다. 많은 사람이 그분 때문에 죽임을 당하고 귀양살이를 갔습니다. 사람들의 존경 속에서 높은 자리에 오르신 것이 아니라 미움 속에서 그 자리를 얻으셨는데 어찌 그 자리가 옳다고 하겠습니까? 옛말에 옳지 않은 것은 하늘이 내버려두지 않는다 했습니다. 그분의 세도는 오래가지 못할 것입니다."

아내의 이야기를 듣고 있자니 이원수는 절로 고개가 수그러졌습니다. 지금까지 한 번도 아내가 허튼 소리를 하는 것을 들은 적이 없는 이원수지만 이번 경우는 특히 더 아내의 단호함과 확신을 느낄 수 있었습니다.

"부인의 말이 옳소. 내 이제 그 댁에 드나들지 않을 것이오. 그러니 부인도 이만 마음을 놓으시구려."

학문의 길이 멀어 어떻게든 샛길을 찾으려 했던 이원수는 사임당의 충고대로 이기 어른 댁에 발길을 깨끗이 끊었습니다. 사실 아쉬운 생각이 없었던 것은 아니지만 아내가 극구 말린다면 그만한 이유가 있을 것이라는 믿음이 이원수의 발길을 잡아 주었던 것입니다. 사임당은 비록 여자였으나 군자의 마음을 갖고 있었습니다. 그래서 그녀는 이후에도 자녀들에게 명예와 이익에 밝아서는 아니 된다고 가르쳤습니다. 사임당은 아무리 큰 명예와 부귀도 옳은 길만은 못하다고 생각했던 것입니다.

옳은 길을 가야 한다는 사임당의 생각은 역시 옳았습니다. 훗날 왕의 어머니로서 나라 일을 쥐고 흔들던 문정왕후가 죽자 영원히 끝날 것 같지 않던 윤원형 일당의 세도도 끝장나 버렸습니다. 자신이 저지른 일들이 얼마나 못된 것인지 잘 알고 있었던 윤원형은, 보복이 두려워 스스로 목숨을 끊었고 이미 죽고 없던 이기는 묘비를 뽑히는 치욕을 당했습니다. 그 때 이원수와 같이 이기의 집을 드나들

며 관직을 얻었던 사람들도 모두 쫓겨났습니다. 이원수는 현명한 아내를 둔 덕에 화를 면할 수 있었습니다. 사임당은 앞일을 내다볼 줄 아는 안목을 갖춘 슬기로운 여인이었습니다. 그리고 무엇보다 옳지 않은 길은 절대 가지 않는, 정의로운 사람이었습니다.

군자의 마음이란 어떤 것일까요?

조선 시대 유학자들은 누구나 군자가 되는 것을 목표로 삼았습니다. 어떤 사람이 되어야 군자라는 말을 들을 수 있는 것일까요?

군자는 선을 행하며 평생토록 의와 예를 지키는 사람입니다. 쉽게 말해 학식과 덕이 높은 사람을 군자라고 합니다. 학식과 덕을 높이는 것은 개인만을 위해서가 아닙니다. 옳은 길을 실천함으로써 세상을 바르게 이끌어 가는 지혜를 발휘하기 위함이지요.

맹자의 말에 따르면 군자는 금전에 매수되어서는 안 되며, 마음 속에 인을 품고 부모에 효도해야 하고, 예를 지켜야 하지만 결혼식을 호화롭게 하는 거짓 예의에 사로잡혀서는 안 됩니다. 또한 군자는 직접 노동을 하지는 않지만 대신 높은 덕을 세워 그것으로 먹고 살아야 하며, 실제보다 과장된 명예를 부끄러워할 줄 알아야 하며, 부귀 영달을 추구하지 말아야 하고, 옳음을 희생하면서 권력을 가진

군자의 덕목을 이야기한 맹자

사람에게 빌붙어서도 아니 됩니다.

결국 맹자의 말에 따르면 군자는 자기 한 몸의 안락이나 명예를 좇지 않는 사람, 백성들 앞에 모범을 보이고 정의를 추구하는 사람입니다. 흔히 군자의 덕은 바람에, 소인인 백성은 풀에 비유됩니다. 바람에 따라 풀은 이리저리 나부끼지요. 그만큼 군자의 덕은 중요한 것입니다. 군자가 되려는 사람이 올바른 덕을 행하지 않으면 백성들이 고생하게 될 테니까요. 그래서 옛날 사람들은 군자의 덕을 높이 치고, 군자가 되기 위해 노력했던 것입니다.

8
자신을 완성한 조선 여성

정승 댁에 출입하기를 그만둔 후, 이원수도 마음을 잡았는지 과거 준비에 힘쓰기 시작했습니다. 관직에는 샛길이 있는지 몰라도 학문에는 샛길이 없었습니다. 오십이 다 된 나이에 새삼 처음의 마음으로 돌아가 과거를 준비하는 것은 퍽 고달픈 일이었습니다.

그런 이원수에게 아내는 가장 든든한 후원자가 되었습니다. 사임당은, 남편이 어려운 집안 살림을 걱정하지 않고 오직 공부에만 전념할 수 있도록 배려해 주었습니다. 과거에는 붙지 못한 채 하루하루 나이만 더해 가는 남편의 조급한 마음을 잘 헤아렸기 때문입니다. 또 남편이 글공부를 하는 동안 사임당도 그림을 그리고 글씨를 쓰면서 자신의 능력을 갈고 닦았습니다.

사임당은 글씨를 참 잘 썼습니다. 획을 그을 때 처음은 말발굽처럼 힘차고 붓을 뗄 땐 누에의 머리통처럼 점점 작아지면서 둥글렸습니다. 몸의 피로를 이겨 내면서 한 자 한 자 써 나간 글자들은 사임당의 단아하고도 담백한 마음씨를 잘 담고 있습니다.

학문을 대하는 어머니의 이런 진지한 노력은 아이들에게도 훌륭한 본보기가 되었습니다. 아버지는 아버지대로 과거 준비에 힘쓰고 어머니는 어머니대로 쉼 없이 자신의 재능을 갈고 닦았습니다. 아이들도 덩달아 부지런한 습관을 갖게 되었습니다. 현룡이 또한 어머니를 본받아 어떤 경우에도 낮에는 잠들지 않는다는 원칙을 세우고 평생 이것을 지켰다고 합니다.

현룡이 워낙 영특한 것은 누구나 인정하는 일이었습니다. 한 번 들은 것은 절대 잊어 버리는 일이 없었고 책은 한 눈에 열 줄을 읽어 뜻을 알았습니다. 한양으로 올라온 여섯 살 때부터 어머니로부터 유교 경전인 '사서', 즉《논어》,《맹자》,《중용》,《대학》을 배워 일곱 살 무렵에는 통

달할 지경에 이르렀습니다.

현룡이 열세 살 되던 해 봄이었습니다. 나라에서 과거를 본다는 소문이 퍼졌습니다. 현룡은 자신의 실력을 시험해 보고 싶었습니다. 소과 시험이 있는 날 현룡은 어깨를 펴고 당당히 대궐로 갔습니다. 시험장에는 사람들이 구름같이 모여들었습니다. 머리가 허옇게 센 노인부터 상투 튼 어른까지 전국에서 시 지을 줄 아는 사람들은 모두 모였습니다. 아무리 둘러보아도 현룡이처럼 어린 사람은 보이지 않았습니다. 댕기를 내린 도령들도 맏형 나이 또래로 보였습니다.

현룡은 기가 죽지 않으려고 어려서부터 써 온 벼루를 꺼내 놓고 먹을 갈기 시작했습니다. 드디어 시험 문제가 걸렸습니다. 붓이 종이 위를 스치는 소리만 마당을 가득 메웠습니다. 시를 다 지은 사람들은 줄지어 감독관에게 답안지를 제출하고 시험장을 빠져 나갔습니다. 현룡이도 차분히 시를 내리갈겨 쓴 후 시험장을 나왔습니다.

며칠 후 합격자를 알리는 방이 붙었습니다. 현룡은 혹시라도 떨어져 어머니를 실망시킬까 염려되어 저 혼자 방을 보러 갔습니다. 그런데 백 명의 이름을 다 읽어도 현룡의 이름은 보이지 않았습니다. 실망스러운 마음을 애써 감추고 돌아서려는데 사람들이 웅성거리는 소리가 들렸습니다.

"아니, 이번 장원은 한양의 이이라는 선비가 차지했군요."

"이이라면 신사임당의 아들이 아니오? 이제 겨우 열 두 잇 되었을 텐데!"

현룡은 다시 방 앞으로 가서 올려다보았습니다. 현룡의 정식 이름 '이이'는 다른 사람들의 이름과는 달리 맨 앞에 큰 글씨로 써 붙여져 있었습니다. 현룡은 장원의 이름이 따로 크게 붙여진다는 사실을 몰랐던 것입니다.

현룡이 집에서는 경사가 났습니다. 장한 현룡을 축하해 주러 많은 사람들이 모였습니다. 그러나 어머니 사임당은 별로 좋은 기색이 아니었습니다. 현룡이 장원 급제 했다는 것은, 여자이기 때문에 과거를 볼 수 없었던 자신의 학문이 드디어 빛을 보았다는 것을 뜻했기 때문에 물론 기쁘기도 했습니다. 그러나 가뜩이나 영특하다고 칭찬만을 받고 커 온 현룡이 만의 하나라도 이번 일을 자랑으로 삼아 교만한 마음을 가질까 내심 두려웠던 것입니다. 그러나 어머

니의 겸손한 성품을 보고 자란 현룡은 조금도 교만하지 않고 더욱 더 글공부에 매진했습니다.

사임당이 마흔일곱이 되었을 때, 남편 이원수도 오랜 공부 끝에 수운판관에 임명되었습니다. 남편이 관직을 받아 사모관대를 쓰고 집으로 들어오던 날, 사임당의 눈에는 뜨거운 눈물이 맺혔습니다. 참으로 오랜 세월이었습니다.

남편 이원수는 다정하고 좋은 사람임에는 틀림없습니다. 하지만 너무 좋은 것이 화근이었는지 글을 읽기보다는

밖으로 나가 친구 만나는 것을 더 즐겼습니다. 아마 사임당 같은 현명한 아내를 만나지 못했더라면 그저 좋은 사람으로 한평생을 마쳤을 것입니다. 수운판관에 임명된 이원수는 모든 것을 아내의 공으로 돌렸습니다. 어린 현룡이 장원 급제를 했을 때도 사임당의 얼굴에서 그렇게 환한 웃음은 볼 수 없었습니다. 사임당은 남편의 작은 성공을 진심으로 기뻐하고 축하했습니다.

　남편이 관직을 받는 것은 사임당과 남편 모두에게 오랜

과제였습니다. 이제 그 과제가 풀리고 나니 고향에 홀로 계신 어머니 생각이 더욱 간절하게 났습니다. 강릉에 계신 어머니도 이미 칠순을 넘겼습니다. 얼마나 더 사실지 모를 일이었습니다. 다섯 자매가 번갈아 가며 성의껏 찾아뵙고는 있지만 오죽헌 그 넓은 집에서 외롭게 지내시는 것을 모를 리 없었습니다. 생전에 다시 뵐 수 있을까, 사임당은 언제나 달을 보고 물었습니다.

'나는 얼마나 부모님께 귀여움을 받으면서 자랐던가! 그리 사랑해 주셨건만 다른 가문의 며느리가 되어 버린 후에는 함께 지내는 일조차 맘껏 해 드릴 수 없구나! 내가 아들이었다면 얼마나 좋았을까.'

어머니가 나이 들어 가는 것을 지켜보는 사임당은 언제나 '여자로 태어난 죄' 때문에 괴로울 뿐이었습니다. 어머니가 아무리 안쓰러워도 사임당으로서는 시댁이 있는 한양으로 돌아가지 않을 수 없었던 것입니다.

어머니에 대한 그리움이 간절해지는 만큼 사임당은 쇠약해져 갔습니다. 숱 많던 머리카락도 한 줌밖에 남지 않았습니다. 마음은 언제나 멀리 강릉을 향해 있었습니다. 강릉의 바닷가, 짭조름한 바람 냄새가 그리웠습니다.

이제는 일어나 앉아 있기도 힘들었습니다. 자꾸 어지럽기만 했습니다. 그래도 일 때문에 평안도에 가 있는 남편에게 자주 편지를 썼습니다. 몸이 아프다고 말하면 걱정할까 봐 그런 말은 한 마디도 넣지 않았습니다. 아이들에게도 편지에 그 사실을 알리지 말라고 신신당부하였습니다.

"아버지는 나랏일을 하러 가셨다. 사사로운 집안일 때문에 마음 쓰느라 나랏일을 그르치면 되겠느냐."

사임당의 뜻을 아는 아이들은 편지에 그 사실을 쓸 수 없었습니다. 사임당은 자리에서 일어날 수 없을 지경이 되었습니다. 식욕도 사라져 죽을 조금씩 먹을 뿐이었습니다. 그렇게 사흘이 지난 밤이었습니다. 사임당은 아이들을 모두 불러 모았습니다. 병든 어머니의 조그만 얼굴을 내려다보며 아이들은 눈물을 흘렸습니다. 사임당의 입에서 힘없는 목소리가 새어 나왔습니다.

"내가 이제는 더 살 것 같지 않구나……."

"무슨 말씀이십니까, 어머니. 기운을 차리세요. 아버지를 만나셔야지요."

둘째 아들 번이 사임당의 손을 쥐며 말했습니다.

"내가 죽더라도 아버지를 잘 모셔야 한다. 너희 아버지는 이제 새로운 인생을 시작하셨으니 너희가 더욱 공손히 받들어 모셔야 한다. 그리고 강릉에 계신 너희 외할머니를 부탁한다. 너희가 장차 어디에 있든 늘 찾아뵙도록 하여라."

아이들은 저마다 고개를 숙이고 눈물을 흘렸습니다. 사임당은 흐려진 눈으로 슬픔에 빠진 아이들을 하나하나 안타깝게 바라보았습니다.

"옳지 않은 일은 하지 말아라. 항상 겸손하고 나라를 위해 애쓰는 사람이 되거라."

그 말을 마치고 그만 돌아가라는 뜻으로 손을 내저었습니다. 아이들은 고른 숨소리가 들리자 어머니가 깊은 잠에 빠져든 것을 알았습니다. 사임당은 몸이 아플 때에도 늘 편히 잠드는 편이었습니다. 아이들은 그 밤에도 어머니가 그저 평소와 같이 잠들었으므로 조금 안심하며 방을 나왔습니다. 그러나 사임당은 다음날 새벽을 넘기지 못하고 세상을 뜨고 말았습니다. 어머니보다 먼저 죽는 불효를 저지른 한이 마지막까지 사임당을 괴롭게 했을 것입니다.

보통 사람들은 조선 시대 대표적인 유학자 율곡 이이를 키워 낸 훌륭한 어머니로서의 사임당만 알고 있습니다. 물

론 사임당은 몸이 약했던 맏아들 선이를 제외하고는 자식 모두를 당대의 뛰어난 학자이자 예술가로 키워 낸, 현명하고 뛰어난 어머니였습니다.

사람들에게 널리 알려져 있지는 않지만 맏딸 매창은 사임당을 꼭 빼박은 훌륭한 여성이었습니다. 그림 솜씨가 뛰어났던 매창은 어머니처럼 꽃과 새, 나무를 주로 그렸습니다. 여러 점의 작품이 아직도 전해지고 있습니다.

또한 매창은 사임당의 반듯한 행실을 본받아 몸가짐이 발랐습니다. 한양 사람과 결혼한 후에는 남편이 벼슬에 나가도록 극진히 내조하였다고 합니다. 남편은 충청도 관찰사에까지 올라 부인에게 보답했지요. 사람들은 이렇게 현숙한 부인이 된 매창을 '작은 사임당'이라 불렀습니다.

그러나 무엇보다 매창은 율곡 이이가 존경했던 뛰어난 학자이기도 했습니다. 이이는 나랏일을 판단하기가 어려울 때면 늘 누님을 찾아가 물어서 결정했다고 합니다. 일본의 침략에 대비해 십만의 군사를 양성하라는 율곡의 '십만양병설'도 매창의 충고였습니다. 지금도 매창은 후손들에게 '부녀자 중의 군자'라고 칭송 받고 있습니다.

둘째 아들 번은 평생 과거를 보지 않고 오직 학문만을

닦은 강직한 선비였습니다. 그가 과거를 보지 않은 것은 머리가 둔하다거나 시를 잘 짓지 못해서가 아닙니다. 다만 충신들을 모함하고 옳은 선비를 제대로 등용하지 못하는 무능한 무리들이 조정을 휘어잡고 있다고 생각해서 벼슬길에 나가지 않았을 뿐입니다.

검은 용이 날아오는 꿈을 꾸고 낳은 셋째 아들 율곡 이이에 대해서는 덧붙이지 않아도 모두 알고 있을 것입니다. 퇴계 이황 선생과 더불어 조선 시대 최고의 유학자로 손꼽히는 대학자였으니까요.

막내 아들 우는 명필로 그 이름을 날렸습니다. 유명한 학자인 우암 송시열 선생은 우의 글씨가 용이 하늘로 날아오르는 듯하다고 칭찬을 아끼지 않았습니다. 우는 넓은 종이에 글자를 쓸 때에는 그 글씨가 웅장하여 사람을 놀라게 했지만 글씨를 작게 쓰는 재주도 있어서 쌀알에 '거북 귀(龜)' 자를 썼다고 합니다. 어머니 사임당으로부터 그림의 재능도 물려받아 초충도(풀과 벌레가 있는 그림)를 잘 그렸습니다. 또 거문고를 아주 잘 타서 명인으로 이름을 날렸습니다. 형 이이도 나랏일이 힘들어 지치면 동생을 찾아와 거문고 가락을 들으며 휴식을 취했다고 합니다. 이렇게 시와 글씨와 그림과 거문고에 두루 능한 우는 '네 가지에 절묘한 재주를 가진 사람'이라는 소리를 들었습니다.

어머니 사임당의 재주는 일곱 명의 아이들에게 골고루 나타났습니다. 천재적인 두뇌는 셋째 아들인 율곡 이이에게, 그림 솜씨는 딸인 매창에게, 서예 솜씨는 막내인 우에게서 두드러지게 나타났습니다.

그러나 사임당이 가졌던 가장 좋은 것은 모든 아이들에게 똑같이 돌아갔는데 그것은 바로 어진 품성입니다. 일찍이 태임을 본받아 아이들을 잘 기르기로 결심했던 현숙한 부인 사임당은 어린 시절에 세웠던 자신의 뜻을 평생에 걸쳐 펼쳐 내었던 것입니다.

그러나 사임당은 당시의 여성들처럼 누구의 어머니, 누구의 아내로만 살지 않았습니다. 당시의 법도를 충실히 따르면서도 자신의 재능을 갈고 닦는 데도 게으르지 않았습니다. 아마 요즘처럼 여성도 사회 활동을 할 수 있었다면 사임당은 아들 율곡 이상의 대학자가 되었을지 모릅니다. 아쉽게도 그녀의 학문은 후손들의 글을 통해 조금 엿볼 수 있을 뿐 제대로 전해지지 않았습니다. 다만 그녀의 그림과 시는 당대에 널리 알려졌고, 아직도 전해지고 있습니다.

사임당은 여성의 능력을 제대로 인정하지 않는 시대에 태어났지만 아버지 신명화의 가르침대로 자기 안에 간직된 하늘을 완성했던 것입니다. 사임당은 자식을 잘 길러 낸 어머니였고, 지극한 내조를 한 현명한 아내였으며, 죽는 순간까지 홀로 계신 노모를 염려한 효녀이자 조선 시대를 대표하는 뛰어난 예술가였습니다.

사임당은 파주 동문리 자운산 기슭에 묻혔습니다. 그렇게 다시 보기를 희망했던 강릉 바다는 아니지만 푸른 임진강 물결이 보이는 양지바른 곳이었습니다. 훗날 가족들은 사임당의 품을 못 잊어 이 곳에 묻히길 희망했습니다. 이 기슭에는 남편 이원수뿐만 아니라 선, 매창, 현룡이까지 묻혀 묘역을 이루고 있습니다.

조선 시대의 과거 제도

조선 시대는 농업을 중심으로 한 농경 사회였기 때문에 부의 원천은 토지였습니다. 이 토지의 임자는 국가였습니다. 국가가 토지를 장악하고 과전법이라는 토지 제도를 통해 관료들에게 나누어 주었지요. 관료들이 물려받은 토지 중 어떤 것은 자신이 죽으면 국가에 되돌려 주어야 했고, 어떤 것은 자손들에게 상속되기도 했습

니다. 따라서 벼슬길에 나아가야만 권력과 재력을 동시에 가질 수 있었습니다.

벼슬길에 나아가기 위해서는 과거에 합격해야 했습니다. 고위 관료의 자식이 시험을 보지 않고 관리가 되거나 혹은 학식과 덕망이 높다고 소문나서 높은 벼슬에 천거되는 경우도 있었지만, 과거가 벼슬길로 나가는 가장 중요한 제도였습니다.

조선이 신분 사회였다는 것은 알고 있지요? 조선은 왕을 위에 두고 사농공상, 그러니까 선비, 농사꾼, 기술자, 장사꾼의 순으로 사람의 서열을 매겼으며, 가장 낮은 신분은 노비였습니다. 이 신분은 자신이 노력해서 바꿀 수 있는 것이 아니라 태어날 때부터 주어지는 것이었습니다. 그런데 이러한 신분 차별과 함께 여성의 차별 또한 두드러졌습니다. 양반 자녀라 해도 여자는 아예 과거를 볼 수 있는 자격조차 없었으니까요.

어쨌든 과거 제도는 능력 있는 관리를 선발하자는 합리적인 의도로 만들어졌기 때문에 양인이면 누구나 응시할 수 있었습니다. 양인이 과거에 응시해서 급제하면 양반이 될 수도 있었지요. 하지만 실제로는 양반들이 교육의 기회를 독점하고 있어서 양인들의 자식이 과거를 치른다는 것은 거의 불가능했습니다. 조선 후기로 갈수록 과거 제도는 점점 타락하여 애초의 의도와 달리 돈을 주고 벼슬을 사는 일도 적지 않았다고 합니다.

그러나 애당초 과거 제도는 어디에 묻혀 있을지 알 수 없는 뛰어난 인재를 선발하자는 의도로 시행된 합리적인 제도였습니다. 세월과 함께 그 의미가 퇴색되었을 뿐이죠. 당시 공부하는 사람들은 모두 과거를 목표로 과거에 나오는 과목을 위주로 공부했습니다. 한마디로 조선의 교육은 과거를 대비한 교육이었습니다.

보통 3년 만에 한 번 실시되는 과거는 문과와 무과, 잡과(기술관), 취재(하급관리)로 구별되었는데, 그 중의 으뜸은 문과였고, 문과는 다시 소과와 대과로 나누어졌습니다. 소과는 일종의 자격 시험으로 여기에 합격한 사람들만 대과에 응시할 수 있었습니다.

열린 주제

중종반정

　신사임당은 연산군 10년인 1504년에 태어나 중종 임금 시기에 생의 대부분을 보내고, 명종 6년인 1551년에 세상을 떠났습니다. 그 무렵 조선에서는 유학자들 간에 사림파와 훈구파로 나뉘어 분쟁이 그치지 않고 있었습니다. 훈구파와 사림파는 요즘으로 치면 보수파와 진보파 정도라고 볼 수 있습니다. 신사임당의 아버지 신명화가 과거에 합격한 뒤에도 벼슬길에 나가지 않은 이유도 바로 이 때문이었습니다. 중종 시대에도 사림파와 훈구파 사이의 다툼으로 인해 기묘사화, 신사무옥 등의 참변이 발생했습니다. 그러나 중종이 왕이 될 수 있었던 것 또한 이런 선비들 간의 다툼 덕분이었다니, 역사란 참으로 재미있는 것입니다.

　중종의 선왕인 연산군은 성종의 큰아들로 중종의 형입니다. 연산군은 흔히 폭군으로 알려져 있고 그 때문에 왕이라는 칭호도 받지 못했지만 처음부터 나쁜 왕은 아니었습니다. 처음에는 연산군도 아버지 성종의 뒤를 이어 인재를 등용하고 암행어사를 파견하여 관료의 기강을 바로잡는 등 국가의 질서를 유지하기 위해 노력하는 좋은 왕이었습니다.

　그런데 연산군은 학자들이 왕권을 억압하고 서로 싸우는 바람에 나라가 어지럽다고 여겨 학자들을 별로 좋아하지

중종의 묘

자신을 완성한 조선 여성
신사임당

않았습니다. 그래서 사림파인 김일손이 김종직의 조의제문을 쓸 때 세조를 비방했다는 이유로 그를 심문하고, 이미 죽은 김종직의 관을 파헤쳐 시체의 목을 베었는데 이것을 '기묘사화'라고 합니다.

이때부터 달라지기 시작한 연산군이 폭군이 된 것은 어머니인 폐비 윤씨의 사건을 알게 된 다음부터라고 합니다. 폐비 윤씨는 모함을 받아 남편인 성종으로부터 사약을 받고 죽었습니다. 어머니의 슬픈 사연을 알게 된 연산군은 후에 어머니를 모함했던 사람들을 모두 죽였는데, 그중에는 할머니인 인수대비도 포함되어 있었습니다. 친할머니를 죽인 이 사건을 '갑자사화'라고 합니다.

사실 갑자사화가 발생한 근본적인 이유는, 연산군이 조정의 예산이 부족하다는 이유로 훈구파 재상들의 토지를 몰수하려 했기 때문입니다. 훈구파 재상들은 당연히 이에 반대했고, 연산군은 폐비 윤씨 사건을 빌미로 그 사건에 깊숙이 관계했던 훈구파들을 죽이거나 내쫓았던 것입니다. 이 때문에 연산군은 사림파와 훈구파 모두로부터 배척당하게 되었습니다.

위기에 처한 훈구파 대신들은 박원종, 성희안, 유순종을 중심으로 왕을 내쫓기로 결의하고, 1506년 9월 1일 연산군에게 술을 보냈습니다. 이들은 연산군이 술에 취해 있는 사이, 그의 측근을 죽인 다음 궁궐을 에워싸고 옥에 갇혀 있던 자들을 풀어 주어 백의종군하게 했습니다. 그러고는 그 다음날, 박원종 등이 군사를 몰아 텅 빈 경복궁으로 쳐들어갔습니다. 이 사건으로 연산군은 왕위에서 쫓겨나 귀양 가고, 동생인 진성대군이 왕위에 오릅니다. 이가 조선의 제11대 왕인 중종이며, 이 사건이 바로 중종반정입니다.

훈구파의 도움으로 왕위에 오른 중종은 왕권을 강화하여 좋은 정치를 하려 했지만, 그 역시 재위 기간 내내 학자들의 분쟁에 휘말리고 맙니다.

인물 돋보기

대관령

친정어머니를 두고 시댁으로 떠나던 신사임당이 발길을 멈추고 어머니를 그리워하는 시를 읊었던 것을 기억하나요? 그곳이 바로 대관령입니다. 지금도 대관령에 가면 신사임당의 시비가 남아 있습니다.

대관령은 강릉, 양양, 속초 등지에 사는 영동 지방 사람들이 한양으로 가기 위해 반드시 넘어야 했던 아흔아홉 구비 고갯길입니다. 서울과 영동을 잇는 태백산맥의 관문이기도 했습니다. 지금은 영동 고속도로가 뚫려 예전의 그 기세를 느낄 수 없지만, 예전에 대관령은 해발고도 832미터, 총길이가 13킬로미터에 달하는 험한 산길이었습니다.

그러나 영동 지역 사람들은 아무도 대관령을 '해발 몇 미터의 아흔아홉 구비짜리 영동 고속도로 대관령 구간'이라 말하지 않습니다. 왜냐하면 대관령은 영동의 정신적 발원지이자 신앙적 경배지이기 때문입니다. 또한 옛날에는 험악한 산세와 높이 때문에 좀처럼 넘지 못할 두려움의 대상이기도 했습니다.

신사임당이 넘었던 대관령 고갯길은 요즘에도 대관령 오솔길, 혹은 옛길이라는 이름으로 아직도 남아 있습니다. 편리한 것을 좋아하는 요즘 사람들은 자동차를 타고

대관령

일이십 분 만에 쏜살같이 지나가버리지만, 지금도 아흔아홉 구비 옛길에 들어서면 자연의 위대함을 느낄 수 있습니다.

오죽헌

강원도 강릉 경포대에 가면 '오죽헌'이라고 불리는 신사임당의 친정집이 아직도 남아 있습니다. 집 주변에 검은 대나무가 무성하다고 해서 까마귀 오자와 대나무 죽자를 써 오죽헌이라는 이름이 붙었습니다. 오죽헌은 본래 신사임당 어머니의 외할아버지인 최응현의 집입니다. 신사임당의 아버지 신명화는 처가로부터 물려받은 이 집을 다시 사위에게 물려주었고, 1975년 오늘날의 모습으로 단장될 때까지 율곡 이이의 후손이 소유하고 있었습니다.

오죽헌은 조선 중기인 중종 시절에 지어진 집으로 우리나라 주거 건축으로는 가장 역사가 오래된 건축물 중 하나입니다. 1963년 1월 21일, 보물 제165호로 지정되었습니다. 오죽헌에 가면 '몽룡실'이라는 곳이 있습니다. 온돌방에 툇마루가 딸린 별당 건물인데 신사임당이 이곳에서 용꿈을 꾸고 율곡 이이를 낳았다고 합니다. 오죽헌 오른쪽의 작은 중간 문을 지나면 나오는 안채 건물에는 조선시대의 유명한 서예가 추사 김정희의 글씨가 있습니다. 이 밖에도 정조 임금이 1788년 율곡의 유품인 《격몽요결》의 원본과 벼루를 보관하도록 지어 준 어제각이 남아 있습니다.

율곡 이이가 태어난 몽룡실

연대표

신사임당의 생애	조선의 동향
	1498 무오사화 일어남. 10월 김종직의 문집을 모아 불태움.
1504 강릉 북평촌, 현재의 강릉시 죽헌동 외가인 오죽헌에서 신명화의 둘째 딸로 태어남.	1504 갑자사화 일어남.
	1506 중종반정 일어남. 박원종 등이 왕을 폐하고 연산군에 봉함.
1510 산수, 포도, 풀, 벌레 등을 그리며 그림을 공부하기 시작했으며, 글씨와 문장, 자수에도 뛰어난 솜씨를 보임.	1510 삼포왜란 일어남.
	1512 임신조약 체결됨.
1516 부친 신명화, 진사 시험에 합격함.	1517 축성사를 비변사로 바꾸어 부름.
1519 수구 세력이 조광조 등의 신진 세력을 몰아낸 기묘사화 일어남.	1519 조광조의 건의에 따라 현량과를 실시함.
1522 19세의 나이로 이원수와 결혼함. 출가 후 그대로 친정에 머물러 있던 중 11월, 부친 신명화가 세상을 뜸. 1524 맏아들 선 태어남. 1529 맏딸 매창 태어남.	1522 도교 의식에 따라 하늘에 제사 지내는 기관인 소격서를 설치함.

자신을 완성한 조선 여성
신사임당

신사임당의 생애	조선의 동향
	1530 《신증동국여지승람》 편찬됨. 조선 전기 지리지의 완성본. 백과사전식으로 지방의 정치, 경제, 역사, 행정, 사회, 민속, 인물 등이 기록되어 있고, 각 도의 지도도 수록됨.
1536 검은 용이 바다에서 날아와 사임당 침실 문에 서려 있는 꿈을 꾸고 율곡 이이를 낳음.	
	1539 명나라 사신이 머무는 모화관 앞의 문 이름을 명나라가 영은문으로 바꿀 것을 요구함. 1896년, 사대의 상징이라 하여 영은문을 헐고 그 자리에 독립문을 세움.
1541 강릉 친정에서 한양 시댁으로 올라가며 대관령에서 시를 읊음.	
1542 넷째 아들 우 태어남.	
	1543 풍기 군수 주세붕이 서원의 시초인 백운동서원을 세움.
1545 윤원형 일파가 반대파를 몰아낸 을사사화 일어남.	**1545** 을사사화 일어남.

신사임당의 생애	조선의 동향
	1547 정미약조 체결됨.
1550 남편 이원수, 수운판관이 됨.	*1550* 풍기 군수 이황의 요청에 따라 백운동서원에 소수서원의 편액이 하사됨.
1551 5월 17일 새벽, 48세의 나이로 세상을 떠남. 파주 동문리 자운산에 묻힘.	
	1555 을묘왜변 일어남.
	1559 임꺽정의 난 일어남.
	1572 이이와 성혼 사이에 사단 칠정에 관한 서신 왕래가 시작됨.
	1575 동서로 분당됨.
	1580 정철, 〈관동별곡〉을 지음.
	1589 정여립 모반 사건 일어남.
	1590 황윤길, 김성일을 일본에 통신사로 파견함. 이 무렵, 동인이 남인과 북인으로 나뉨.
	1592 4월 13일, 임진왜란 발발함. 4월 30일, 선조가 한성을 떠나 피난길에 오름. 5월 29일, 사천 해전에서 거북선이

자신을 완성한 조선 여성
신사임당

신사임당의 생애	조선의 동향

처음으로 사용됨.
7월 말, 곽재우가 경상도 의령, 현풍, 영산 등지에서 왜군을 격파함.
10월, 진주대첩에서 승리함.

1593 행주대첩에서 승리함. 함경, 평안도의 일본군이 한성으로 퇴각함.

1594 훈련도감 설치함.

1597 정유재란 발발함.

1598 11월 노량해전에서 이순신이 이끄는 함대가 일본 수군을 대파시킴. 이순신 전사함.

1605 유정, 일본에서 포로 3,000여 명을 데리고 돌아옴.

1607 허균, 《홍길동전》을 지음.

1608 광해군 즉위함.
경기도에 대동법을 실시함.